مديح لنساء العائلة

رواية

مديح لنساء العائلة

محمود شقير

نوفل

الطبعة الثالثة، 2016
صدرت عام 2015 عن **نوفل**، دمغة الناشر هاشيت أنطوان

© هاشيت أنطوان ش.م.ل.، 2015

سنّ الفيل، حرج تابت، بناية فورِست
ص. ب. 0656-11، رياض الصلح، 2050 1107 بيروت، لبنان
info@hachette-antoine.com
www.hachette-antoine.com
facebook.com/HachetteAntoine
twitter.com/NaufalBooks

تصميم الغلاف: **معجون**
صورة الغلاف: **Shutterstock ©**
تصميم الداخل: **ماري تريز مرعب**
متابعة النشر: **رنا حايك**
طباعة: **Chemaly & Chemaly**

ر.د.م.ك.: 978-614-438-276-9

باستثناء الشخصيّات العامّة والمعلومات المستقاة من مصادرها، فلا علاقة لهذه الرواية بأشخاص أو بوقائع خارجها، وأيّ تشابه في الأسماء والوقائع ليس مقصودًا، وهو من باب الصدفة المحضة.

أسماء الأعلام المعْرَبة لا تخضع لقواعد اللغة في حالة النصب.

التداعيات والحوارات باللهجة العاميّة لا تخضع لقواعد اللغة.

إلى مهدي
حفيدي الرابع عشر

1

كان عليّ أن ألغي الرحلة. تذمّرت سناء ثم لاذت بالصمت كعادتها كلّما دهمها أمر مفاجئ، وراحت تشغل نفسها بتفقّد ملابسها التي رتّبتها في حقيبة السفر، تخرجها ثم تعيدها إلى الخزانة. تتأمّل بمزيج من الأسى والإحساس بالخسران ملابس السباحة التي اشتريتها لها قبل أيّام.

تحمّست سناء للسفر ولزيارة المدينة التي تمتاز بأجوائها الحرّة وببحرها. وكنت زرتها مرّة واحدة قبل زواجنا، وأخرى بعد الزواج حين أمضينا فيها عشرة أيّام، فبقيتُ معجبًا بها راغبًا في زيارتها عددًا من المرّات. وكنت أنوي أن نحتفل بعيد زواجنا العشرين هناك. قالت: كم أنا مشتاقة إلى زيارة الأماكن التي كنّا فيها آنذاك!

وكنّا ننظر إلى النزهات التي يقوم بها بعض الناس هنا كما لو أنّها هروب من الأوضاع التي نحيا في ظلّها، أو كما لو أنّها استسلام لهذه الأوضاع وتسليم بها، وانصراف إلى الشأن الخاصّ ونسيان الشأن العام. ولَمّا انتبهنا إلى أنّ الأوضاع باقية على حالها إلى أمد غير معلوم، أدركنا أنّه لا يعقل أن نظلّ في حالة استنفار، بحيث نواصل

حرمان أنفسنا من أبسط المتع التي يمكنها أن تعيننا على تحمّل الأعباء. صرنا نخرج إلى هذا المكان أو ذاك، لاقتناص بعض المسرّات.

حين قمنا معًا برحلة إلى البحر الميّت، ارتديت ملابس السباحة وسبحت في الماء. اكتفت سناء بممارسة طقسها الخاص: خلعت حذاءها ورفعت فستانها إلى ما فوق ركبتيها، غسل الماء ساقيها وبلّل ذيل الفستان. وعندما التقت نساء العائلة في إحدى الأمسيات حدّثتهن عمّا فعلت، ليصبح ذلك دليلاً على عدم مراعاتها لشروط الحياء. أتعاطف معها وتتعاطف معي لأنّني أحمل على كاهلي عبء العائلة، العبء الذي حَمّلني إيّاه أبي. وكنّا، أنا وسناء، نتوق إلى التحرّر من العائلة وهمومها لوقتٍ ما.

أنا محمّد بن منّان العبد اللات الملقّب بـ«الأصغر»، للتمييز بيني وبين أخوين آخرين أطلق أبي عليهما الاسم نفسه، تقديرًا لوالده الشيخ محمّد الذي كان له شأن وأيّ شأن في البرّيّة، أحدهما لقبه «الكبير» والثاني لقبه «الصغير». وقد سار كلٌّ منهما في طريق مناقض للطريق الذي سار عليه الآخر. وكان لأبي موقف متذمّر منهما. أعلن مرّات عدّة أمام أبناء العائلة أنّه يضع ثقته فيّ، ويعلّق آمالاً عليّ، بأنْ أجمع شتات العائلة، وأنْ أحمي نساءها من أيّ سوء، إذ يكفينا ما وقع لأختي فلحة وأورث أبي همًّا، وأن أقوم بأعمال مجيدة ترفع اسم عشيرة العبد اللات التي اتّسعت وتشعّبت وتناثر أبناؤها في كلّ مكان.

عندما أخبرته بأنّني سأتزوّج بامرأة مطلّقة تكبرني بثلاث سنوات، نظر إليّ وقال: أكيد، أنت تمزح. قلت: أبدًا، لا أمزح. فأصابته انتكاسة جرّاء قراري هذا، وكاد ينزع منّي الثقة، ويضمّني إلى أخَوَيّ محمّد الكبير ومحمّد الصغير، وإلى أخي فليحان الذي ارتكب موبقات كثيرة. كنّا آنذاك في العام 1962، ولم تكن أوضاعنا العامّة

تسرّ البال، كان القمع السياسي على أشدّه. ظلّ يوجّه لي النصيحة تلو الأخرى ويؤكّد أنّ بإمكاني الظفر بفتاة جميلة عذراء من بنات راس النبع، أو من غيرها من القرى المحيطة بالقدس، فلم أقتنع.

كانت أمّي مشفقة عليّ من مغبّة الاعتراض على رغبتي. وهي ما زالت دائمة الانشغال بظلّها، يتبعها حينًا ويسبقها حينًا آخر في وضح النهار. لكنّ هذا الانشغال لم يصرفها عن متابعة شؤون العائلة والتدخّل في مساراتها المختلفة. ورغم انفعالاتها التي تجعلها غاضبة في بعض الأحيان إلا أنّها تنطوي على قلب عطوف. على العكس من أبي الذي لا يخلو من قسوة. ظلّ يمارس عليّ الترغيب حينًا والترهيب حينًا آخر، ولكن من دون جدوى.

جاءت سناء إلى بيتنا، وكانت تتصرّف بلباقة واتزان، وتتكلّم من دون استعلاء. وكنت أخبرت أبي بأنّ زوجها السابق هو ابن عمّها، الذي يكبرها بخمس عشرة سنة. لم يكن لديهما أطفال لأنّهما قرّرا الانتظار خمس سنوات قبل التفكير بإنجاب طفل. عاشا معًا ثلاث سنوات، ولم تستطع التعايش مع هوسه بتجارته. نفرت منه، واتّفقا على الطلاق. قدما إلى المحكمة ووقفا أمام القاضي، وكنت أدوّن محضر الجلسة. دخلت سناء قلبي منذ اللحظة الأولى.

جاءت إلى بيتنا، وقالت أمّي إنّها امرأة جديرة بالثناء. أمضت هي وأمّها وأبوها النهار كلّه في راس النبع. قال لي أبي بعد أن غادرتنا سناء: على بركة الله.

كان ذلك قبل عشرين سنة.

والآن، لم أجد بدًّا من إلغاء الرحلة، ولا أدري إن كنّا قادرين على استئنافها بعد أيّام. قالت أمّي ونحن نتأهّب للسفر إنّها رأت فرس العائلة في المنام. عادت الفرس التي لم تظهر في أحلامها منذ

زمن إلى الظهور. قالت إنّها أكثرت من الصهيل كأنّها تحذّرنا من مغبّة هذا السفر.

لم يكن اقتراحي السفر إلى بيروت من قبيل الصدفة المحضة. كنت أنوي تجديد الصلة بمدينة أحببتها، و أرغب في تذكّر أيّام عرسنا الأولى التي قضيناها فيها أنا وسناء. تحمّسنا للسفر إليها رغم الرصاص الذي اندلع فيها منذ سبع سنوات، يشتدّ حينًا ويخفّ حينًا آخر. نمنا ليلتنا على أمل الذهاب صباحًا عبر الجسر إلى عمّان، ومن هناك ركوب الطائرة إلى بيروت، لكنّنا لم نسافر بسبب الغارات الجوّيّة والاجتياح الذي غمر الجنوب اللبناني وراح يتقدّم نحو بيروت مثل طوفان.

أنا الآن في الثانية والأربعين. تعايشت مع هموم كثيرة، وكان همّ العائلة واحدًا منها، وكذلك همّ سناء. والهمّان لهما علاقة ببعضهما بعضًا على نحو ما. وكان هذا السفر المرتقب جريًا على طقس اتّبعناه، للتخفيف على سناء من ضغوط العائلة. لم يكن الأمر بيدها لكنّها عانت جرّاء ذلك معاناة لا تهدأ حتى تتفاقم من جديد، وكانت بين الحين والآخر تقترح عليّ أن ننفصل، وأنا لا أوافق على الانفصال بسبب حبّي لها، وبسبب أنّ عملي في المحكمة الشرعيّة جعلني أنفر من الطلاق الذي تتحمّل وزره في غالب الأحيان الزوجات. قلت لها: لن أنفصل عنك مهما تحمّلتُ من مشقّات.

عملت في المحكمة الشرعية في القدس. توظّفت فيها عام 1958. وظيفتي في المحكمة لم تكن على قدر كبير من الأهمّيّة، لكنّ أبناء عشيرتي ظلّوا إلى زمن ما يعتقدون أنّني موظّف مهمٌّ وهم يرونني بالبدلة الكحليّة، وبربطة العنق الزرقاء فوق قميص أبيض، وبالحقيبة السوداء التي أحملها في يدي وأضع فيها أوراقًا وملفّات، وأنا صدّقتهم. صدّقت أنّني موظّف صاحب شأن، رغم أنّني أقع،

في التصنيف الوظيفي، ضمن فئة صغار الموظّفين. ازدادت ثقتي بنفسي، واعتقدت أنّني سأكون قادرًا على إرضاء أبي بتحقيق رغبته في جمع شتات العائلة.

ظفرت بالوظيفة في زمن لم تكن الوظائف فيه سهلة المنال. وكان الفضل في ذلك لأبي الذي ظلّ قادرًا على استثمار علاقاته مع بعض من برزوا بعد وحدة الضفّتين الشرقية والغربيّة، واستلموا مناصب في مختلف الدوائر والمؤسّسات الحكوميّة. طلب من أحدهم أن يتوسّط لي للظّفر بوظيفة. فوجد لي وظيفة كاتب في المحكمة الشرعيّة في القدس، أسجّل في دفتر كبير عقود الزواج، وشهادات حصر الإرث، وأوراق الطلاق. بنات كثيرات جئن إلى المحكمة وعقدن قرانهنّ على شباب. جاءت أيضًا مطلّقات وعقدن قرانهنّ للمرّة الثانية أو الثالثة على رجال يكبرونهنّ في السن، لأنّهنّ يطلبن الستر والاحتماء بظلّ رجل. وكم عاينت من قضايا طلاق لهذا السبب أو ذاك! وما أكثر الأسباب! ويمكن القول وأنا أتذكّر رحلتي مع الوظيفة: إنّ هذه السنوات لم تمرّ من دون أن تترك أثرها عليّ.

كان أخي محمّد الصغير في تنافس دائم مع أخي محمّد الكبير للتأثير عليّ، ولتحديد مساري في الحياة. كلّ منهما يحاول اجتذابي إلى قناعاته الفكريّة. كنت حذرًا ولا أتحمّس لربط مصيري بقناعات قد تحمّلني مسؤوليّات لا أقدر عليها. قبل الظفر بالوظيفة، قال أخي محمّد الصغير لأبي إنّه يعرف مدير المعهد الديني في القدس، وهو على استعداد لقبولي في المعهد لكي أتخرّج فيه شيخًا يؤمّ الناس في الحرم الشريف. لم أفكّر بأن أكون شيخًا يرتدي عمامة، مع أنّني متديّن بالفطرة، فلم أتحمّس لاقتراح أخي ولم يتحمّس أبي له.

كان أبي راغبًا في تدبير وظيفة لي تدرّ عليّ مبلغًا من المال، سيظفر بقسط منه، لأنّه لم يعد واثقًا من اعتماده على الأغنام بعد

استثماره أمواله في الأراضي التي اشتراها هنا وهناك، ولم يكن راغبًا في تلقّي أيّ أموال من أخي فليحان، لأنّها أموال حرام. اشتغلت في المحكمة ولا أنكر أنّ عملي فيها لم يكن يتماهى مع تطلّعاتي، إلا أنّ الحصول على راتب ثابت نهاية كلّ شهر، يضطرّ المرء إلى التغاضي عن أمور لا يستسيغها. وكنت أعزّي نفسي بأنّني قد أغيّر مساري الوظيفي، فأختار الوظيفة التي تروقني.

بعد التحاقي بدورة للتأهيل، أنيطت بي، علاوة على عملي في المحكمة، كتابة عقود الزواج خارج المحكمة. أصبحت مأذونًا شرعيًّا أذهب إلى حفلات الخطوبة والأعراس، وأجلس بين أهل العريس والعروس. أقوم بكتابة عقد النكاح وأطلبُ من العريس أن يضع يده بيد والد العروس الذي يقرّ بأن يُنكحه ابنته، ويعلن العريس قبوله بذلك، ثم أستأذنُ في الدخول إلى العروس لسماع رأيها. أدخلُ ووالدها يتقدّمني إلى غرفة مجاورة. ينتزعها أحد أخوتها من بين النساء. تقف بين يديّ وتبدي موافقتها على الزواج، ثم تعود من حيث جاءت.

سمعتُ بنات كثيرات وهنّ يوافقن على الزواج، لأكتشف فيما بعد أنّ موافقتهنّ ناتجة عن ضغوط من الأب أو من أحد الأخوة، وبعد ذلك تظهر الحقيقة، فالبنت لا ترغب في هذا الزوج، خصوصًا إذا كان ابن عمّها أو أحد أقاربها، لأنّها راغبة في الزواج بشخص آخر، ما يجعلها تعيش حياة أسريّة بائسة، قد تنتهي بالطلاق.

أُنهي كتابة العقد وعليه تواقيع المعنيّين وكذلك الشهود، وأواصلُ الجلوس بين الناس ولا أقوم بالتحذلق في شؤون الدين. أتحدّث في بعض شؤون السياسة، وأتطرّق للوضع الذي نحياه في ظلّ حكم يكمّم الأفواه. ولَمّا وقعنا تحت الاحتلال، صرت أتحدّث عن معاناة الناس، ولكن بحذر، خوفًا من عملاء ينقلون حديثي إلى أسيادهم، مقابل مبالغ ضئيلة يرمونها إليهم مثلما ترمي عظمة إلى

كلب ضالّ. أتحدّث عن ضرورة صيانة النشء الجديد من مغبّة الانحراف. ثم يأتي الطعام: المنسف المكوّن من الرزّ وخبز الشراك واللحم والمرق. أطلب ملعقة، فيستغرب أمري بعض أبناء العشائر الذين اعتادوا التهام المنسف بأيديهم، إذ يدحرج الواحد منهم كتلة من الرزّ وخبز الشراك بين أصابعه، ثم يرسلها إلى فمه.

كنت في زمن سابق أفعل مثلهم، معتبرًا ذلك من سمات الأصالة، إلى أن شاهدتني سناء بعد أيّام من زواجنا وأنا أدحرج الرزّ بالطريقة نفسها، فأبدت نفورًا، وطلبت منّي أن أتناول الطعام بالملعقة.

وكنت كلّما خلوت إلى نفسي تذكّرت الآمال التي يعلّقها أبي عليّ لعلّي أفعل شيئًا نافعًا للعائلة وللعشيرة، فأشعر بثقل المهمّة التي تعني تتبّع الأسرار الخاصّة والمصائر المتنوّعة لنساء ورجال، لعلّ من أبرزهم أخي فليحان.

* * *

أنا فليحان بن منّان العبد اللات، سَمّاني أبي بهذا الاسم تخليدًا لذكرى عمّي فليحان الذي قُتل في واحدة من حروب السلطنة العثمانيّة.

كان أخي محمّد الأصغر يعتقد أنّني العقبة التي تقف أمام مهمّته التي كلّفه أبي بها. ولست أدري إنْ كان ما زال مصرًّا على اعتقاده أم لا.

أخبرني بأنّه ألغى الرحلة إلى بيروت. قلت له: توقّعت هذا. منذ الصباح، والراديو لا يفارق أذني. فقد صار الاستماع إلى الراديو يشكّل واحدة من متعي القليلة التي تعوّدت عليها في بعض أوقات النهار. وفي الليل، أمضي ساعتين أو ثلاث ساعات وأنا أشاهد التلفزيون

وما يبثه من نشرات أخبار، وبرامج تسلية وأغنيات متنوّعة تؤدّيها مطربات جميلات.

أنا مغرم بغناء النساء، وربّما من هنا جاء الخلل، وجاءت التعقيدات التي جعلت أخي محمّد الأصغر يرى فيّ عقبة. عندما تظهر سميرة توفيق على الشاشة أصغي لها، وأتأمّل الشامة التي تستقرّ قريبًا من أنفها، وهي تهزّ جسدها برصانة واعتدال، وتغني «يا ابو قضاضة بيضا، تغيّر علي لونه، وأيش أقول يا يمّه، قلبي عليك مثل النار، قلبك عليّ أيش لونه». تعيدني الأغنية كلّما سمعتها إلى سنوات سابقة، فأتذكّر أيّامي وأنا في عزّ قوّتي وعنفواني. أثناء الأغنية، أغضب إذا أصدرت رسميّة وهي في المطبخ أيّ ضجيج، أصيح: ما بدّي أسمع أيّ صوت. يأخذني غناء سميرة توفيق إلى مساحات من البهجة، وأتذكّر كيف كنت أستمع إلى غنائها قادمًا إليّ عبر المذياع، وأتمنى أن ألتقيها لأعبّر لها عن إعجابي بها. كنت أرى صورها في مجلّة «الشبكة» التي كنت أتابع من خلالها أخبار نجوم الطرب والغناء.

كان ذلك في زمن مضى، قبل الحالة التي انتهيت إليها، وحتى بعدها وإلى الآن، كلّما شاهدت سميرة توفيق على شاشة التلفزيون تذكّرت رغبتي السابقة في التعرّف إليها، فأعود إلى إحيائها والتلذّذ بتفاصيلها، ثم أصحو على واقعي، فلا أجد عزائي إلا في رسميّة التي تستجيب لرغباتي. رسميّة لم تعد شابّة، لكنّها ما زالت وهي في الخمسين على قدر من الأنوثة التي تبهجني كلّما تأمّلت جسدها أو احتضنتها. تنام إلى جواري كأنّها ما زالت في العشرين، ومع أنّني لم أعد قادرًا على الفعل إلا أنّني أستطيع إدخال المتعة إلى قلبها، فأشعر باستمتاع. وأثناء ذلك نستعيد معًا كلّ ما كان بيننا من لحظات أنس وتجلّيات. أحببت رسميّة عندما كانت مخطوبة لابن عمّها. لم تكن

مغرمة به، وافقت على الخطوبة إرضاء لأبيها. ولن أنسى المكابدات التي تجرّعتُها بسبب حبّي لها.

أجلس على الكرسي المتحرّك في ساحة بيتي، أتأمّل مخيّم العودة جاثمًا فوق السهل تحت شمس حزيران، وأتابع أخبار الحرب على لبنان. الحرب التي أحبطت رحلة أخي محمّد الأصغر وزوجته سناء. وأفطن إلى أنّ عمر ابن أخي محمّد الكبير موجود هناك في بيروت. مرّت سنوات كنّا فيها أنا وأخي هذا على طرفي نقيض. أنا مؤيّد لأيّة حكومة يعتمدها القصر الملكي، وهو معارض لها، باستثناء مرّة واحدة: عندما جاء ذلك الرمز الكبير وترأّس ما اعتبرها أخي حكومة وطنيّة. أنا مهادن لحكم الاحتلال خوفًا من الاعتقال، ومحمّد الكبير رافض له. أنا أمشي الحيط الحيط وهو يحمل السلّم بالعرض. أنا لم أتعرّض للاعتقال لا في زمن الأردن ولا في زمن إسرائيل، وهو تعرّض للاعتقال سنوات. بقيت أنا على مواقفي الوسطيّة وبقي هو على مواقفه التي أراها متطرّفة. كان، سامحه الله، يعتبرني رجعيًّا. ومع الزمن، تحسّنت علاقتنا، لأنّه أخي، والدم لا يمكن أن يصير ماء.

تقف رسميّة بالقرب منّي بعد انتهائها من كَنْس الساحة بمكنسة من قشّ، ورشّ الساحة بقليل من الماء لتسكين الغبار، ولتلطيف حرارة المكان في هذا الطقس الصيفي الحار. تتّكئ بذراعها على كتفي. كم أحبّ وقفتها الحميمة هذه! تستمع لما يبثّه المذياع عن عمليات القصف الجويّ لمواقع عدّة في جنوب لبنان، تبدو قلقة وهي ترفع أذيال ثوبها من يمين ومن شمال، وتشبكها تحت تكّة سروالها الداخلي. يبرز من تحت الثوب بياض الساقين، بعد أن لم تعد ترتدي السروال الداخلي الطويل.

غير أنّها لا تمكث طويلاً بالقرب منّي، ما يجعلني دائم التشبّث بها واللهفة على حضورها. فهي كثيرة الحركة، تتنقّل من موقع إلى آخر

مثل فراشة. تغيب قليلاً في الداخل، ثم تعود وهي تحمل قهوة الصباح لي ولها، وفي عينيها حزن دفين. تقول لي: خبّرني عن أيّ جديد يا فليحان. أقول لها: لا جديد إلا القصف المستمر والدماء يا رسميّة. نشرب القهوة مع القلق الذي أصبح ملازمًا لنا في كثير من الأحيان.

لَمّا خطفتها من خطيبها لم أكن أدرك فداحة ما أقدمتُ عليه، سيطرت عليّ لحظة هوس وفضول، وتصاعدت هذه اللحظة إلى حدّها الأقصى عندما استجابت لي رسميّة. لم أكن أقصد الإساءة إلى أهلها الذين أجبروا على ترك بيوتهم في قرية الوسميّة، وجاءوا إلى هذا المكان القريب من القدس. ناموا أسابيع تحت الأشجار قبل أن تأتيهم الخيام. لم يخطر ببالي أنّني سأرى رسميّة وسأنجذب إليها. جئت أنا وزوجتي الأولى مع أهلي وعشيرتي من البرّيّة. كنت على وفاق مع زوجتي ولم يخطر ببالي أنّني سأرتبط بزوجة ثانية، بسبب معاناة أمّي مثيلة من الضرائر، جرّاء رغبة أبي في الزواج بأكثر من امرأة واحدة. لكنّ رسميّة خربطت حساباتي وأدخلتني في مسار لم يكن في البال.

ورغم أنّني حصلت على قسط من التعليم كان يؤهّلني للعمل كاتبًا في ورشة لشقّ الطرق أو موظّفًا في شركة، إلا أنّ الرغبة في رعي الأغنام لم تفارقني. مع الأغنام، أظلّ على تماسّ مع الطبيعة التي تمنحنا العشب الذي أنتظره بشغف كلّ عام. ومن الأغنام أحصل على رزقي، وفيها أجد معنى لحياتي، مع أنّ سبل رزقي تنوّعت وتعدّدت في ما بعد، وتجمّعت لديّ ثروة لم يملكها أحد من أخوتي أو من أبناء عشيرة العبد اللات. رعي الأغنام هو الذي أخذني إلى رسميّة، أو لعلّه هو الذي جعلها تظهر في أفق حياتي.

غير أنّني الآن لا أقدر على النهوض من فوق هذا الكرسي المتحرّك، والسبب هو سرحان ابن عمّ رسميّة الذي حاول قتلي بعد

سنوات ممّا جرى. سرحان صمت إلى أن جاءت اللحظة المناسبة، ولَمّا التحق بالمقاومة، تذكّر الجرح الذي ألحقته به، فأطلق عليّ النار، لكنّه لم يقتلني. تعطّلت ساقاي بعد الرصاصة التي استقرّت في حوضي، وتعطّل لديّ ما هو أهمّ من الساقين.

كان أبي يقول لمن حوله ونحن مقيمون في البرّيّة: فليحان هذا أخاف منه وأخاف عليه.

لم يكن يوليني اهتمامًا كافيًا، يضع يده على قلبه خوفًا ممّا سأرتكبه من خطايا. ينتهرني بقسوة عندما يأتيه من يخبره بأنّني أتسكّع بين مضارب عشيرة الرباحنة المجاورة لعشيرتنا، ويستغرب الأمر اعتقادًا منه أنّني تغيّبت عن دروس القرآن لكي أرعى الأغنام، ما يتيح له أن يرتاح ولو ليوم واحد أو يومين في الأسبوع.

يأتي باحثًا عنّي ويتساءل: كيف تترك الأغنام في الشعاب الخالية وتأتي مثل الكلب الضالّ للتسكّع بين مضارب الجيران؟

أقول له: لا تخف على الأغنام يا والدي، معها ثلاثة كلاب قادرة على حمايتها، فلا يقتنع بكلامي. أختلق عذرًا وأقول: نسيت أن آخذ زوّادتي، وأنا في طريقي إلى مضاربنا لتناول الطعام، فلا يصدّقني.

وأنا هنا أتلصّص على النساء اللواتي ينهمكن إمّا في خضّ الحليب المعبّأ في قِرَبٍ من جلود الماعز، يضعنها على أفخاذهنّ بعد رفعهنّ أثوابهنّ إلى أعلى، أو في تحميم أطفالهنّ وغسل ملابسهم ونشرها تحت أشعّة الشمس على حبال منصوبة فوق أطراف المضارب، أو في إعداد الطعام للأزواج وللأولاد. كنت أتمنّى لو أنّني قربة معبّأة بالحليب تضعني امرأة على وركها، أو لو أنّني طفلها المدلّل تحمّمني وتضعني في حضنها. كنت أجد متعتي في مراقبة الحياة اليوميّة للنساء اللواتي لا تهدأ حركتهنّ من الفجر إلى ما بعد غياب الشمس. أشعر بتنمّلات في جسدي وأنا أرى بعض النساء في أوضاع

لا يمكن الظفر بها لو أنّهنّ انتبهن إلى ولد مراهق يرقبهنّ من مسافة ما. أقول لوالدي: زوّجْني أيّة بنت من بنات العشيرة.

في إحدى الليالي، كان لدى عشيرة الرباحنة عرس، قلت لنفسي: ربّما كان هذا آخر عرس أشهده في البرّيّة. فالقحط لم يترك لنا فرصة للبقاء فيها، وكان أبي يتحدّث عن الرحيل منها، مثلما رحلت قبيلة بني هلال من نجد إلى تونس بحثًا عن الكلأ والماء.

ذهبت إلى سهرة العرس. مكثت بضع دقائق أتفرّج على الرجال المصطفّين في السامر، ثم انسللت إلى حيث النساء يرقصن ويغنّين:

ومن هان لصفد حبل الغوى ممدود، من هان لصفد
وأمر الله نفذ، أعطوا الزينة للزين، أمر الله نفذ

وقفت على مسافة من باب البيت، وعلى ضوء السراج رأيت الصبايا وهنّ يتقمّزن مثل الخيول الأصيلة، رأيت الأثواب المطرّزة تنسدل على الأجساد. بقيت أتفرّج من دون أن يراني أحد أو يصدّني أحد. غنّت النساء ورقصن وأنا أراقبهن، ويبدو أنّ امرأة منهنّ استبدّ بها الطيش، فلم تحتمل التكتّم على ما في نفسها، غنّت:

يا قاطفَ الرمّان، رمّاني أنا مالُه
اطلعْ من بين البيوت، وخلِّ رمّاني بحالُه

فلم أستطع الانتظار. دخلت واتّجهت إلى السراج، نفخت عليه فانطفأ. توقّف الرقص والغناء، وانطلقت صيحات، وعمَّ الصمت عندما قلت: يا بنات، معي شيء لا أسمّيه، من منكنّ ترغب فيه؟ قالت إحداهن: أنا أرغب فيه. ضحكت بنات أخريات، وقالت امرأة: اطلع يا داشر، اطلع.

خرجت مسرعًا وغادرت العرس، ولَمّا وصل الخبر إلى رجال العشيرة، هاجوا وماجوا، ولم يخفّف من غضبهم سوى ملاحقة والدي للأمر حسب العادات المرعيّة. لم أسلم من غضبه، لطمني على وجهي وهو يقول: وآخرتها معك يا عرص؟

في الليلة التالية، جلست مثل ذئب جريح، أنصت من بعيد إلى أغاني العرس الذي استمرّ سبعة أيّام بلياليها.

كانت لدى أبي خشية من إقدامي على فعلٍ يجعله عرضة للأذى، وهو ما زال غير قادر على التخلّص من العار الذي ألحقتْه به وبالعائلة أختي فلحة التي هربت مع حبيبها. كان ينتهرني طالبًا منّي العودة إلى المرعى، أحاذر من غضبه وأعود حاملاً معي زوّادتي من الخبز والجبنة، وتغريبة بني هلال. كنت متعاطفًا مع عليا، التي تركها زوجها أبو زيد الهلالي في مضارب أهلها على أمل أن يعود إليها من مكانه البعيد.

وعندما تكرّر تجوالي المريب بين المضارب، وبعد تورّطي في فضيحة أخرى، خطب لي أبي بنتًا من بنات العشيرة، تمنّيت لو كان اسمها عليا، المرأة الجميلة التي أغرم بها أبو زيد الهلالي، ولَمّا عزم على الزواج بها رفضت قبيلته تلبية رغبته، بسبب منعها رجالها من الزواج بغير الهلاليّات، ومع إصرار أبي زيد على الزواج بمحبوبته رضخت له القبيلة، وتزوّجها. كان اسم خطيبتي: شيخة. أحببت اسمها الذي لا يقلّ سموًّا عن اسم عليا. لها جسد متين. لم تكن باهرة الجمال، إلا أنّني أحببتها. وعندما ارتحلنا من البرّيّة إلى مشارف القدس احتملت شيخة كلّ نزواتي. ولاحظتْ منذ أيّامها الأولى معي كيف أنّني أسعى لتحصيل المال بكلّ وسيلة مشروعة أو غير مشروعة. وقد صدمتْ عندما شغفتُ برسميّة، ولم تتخلّ عني، رغم إساءتي إليها.

دخلت رسميّة حيّز اهتمامي لَمّا كانت تأتي إلى سفح الجبل. كنت أدرك أنّها انتُزعت من بيتها، ومن المكان الذي ولدت فيه وعاشت في رحابه حتّى أصبحت صبيّة بالغة. وانتُزعت من المدرسة التي كانت تتلقّى الدروس فيها، ثم اضطرّت إلى ترك البيت والمدرسة، وإلى ترك القرية وما فيها من شجر وماء، وما يحيط بها من حقول وسهول وجبال، لتأتي إلى هنا مرغمة على العيش في مخيّم تتجاور خيامه على نحو مربك، حيث لا تتوافر الخصوصيّة، ولا تتحقّق الحياة الكريمة الآمنة. كنت أتأمّلها من مسافة ما وأرثي لها، مدركاً كم جار عليها وعلى أهلها الزمان. صرت أعطف عليها ثم صرت أراها قريبة من نفسي.

والآن، ها هي تجلس إلى جواري في ساحة البيت، تشرب القهوة معي وتستمع إلى أخبار الاجتياح. قلبها مشغول على عمر ابن أخي، مثلما انشغلتْ عليه قبل اثنتي عشرة سنة، عندما وقع الاقتتال في عمّان. آنذاك كنّا قلقين. وكنّا نصلّي من أجل أن يتوقّف إطلاق النار. عمر لم يصب بسوء، وعندما خرجت المقاومة من عمّان ومن أحراش جرش خرج معها إلى لبنان. فزّاع ابن عمّتي معزوزة الذي كان جنديًّا في الجيش لم يصب بسوء أيضًا. لكنّ دماء كثيرة سالت وما كان ينبغي لها أن تسيل.

تجلس رسميّة إلى جواري وبياض ساقيها يعلن عن أنوثتها التي ما زالت تحتفظ بها رغم مرور الأعوام.

عرفتها بعد كارثة 1948 بأشهر. كنت أرعى الأغنام في أرضنا التي اشتراها أبي شمالي القدس، لتكون مرعى لأغنامنا، وفي زمن لاحق بنينا عليها بيوتاً أقمت أنا ورسميّة في أحدها، وأقام في البيوت الأخرى أخوة لي وأبناء لنا وبنات.

رأيت رسميّة وهي تحتطب مع غيرها من بنات المخيّم. في البداية، لم أميّزها من غيرها. كنت أرى بنات كثيرات مثل قطيع من

ماعز، في أرجلهن أحذية قديمة وصنادل مهترئة، وعلى أجسادهنّ أثواب باهتة الألوان. يرفعن أذيال الأثواب من يمين ومن شمال ويثبّتنها تحت أحزمة القماش التي تطوّق خصورهن، فتظهر من تحت الأثواب سراويل داخليّة طويلة لم تعتد نساؤنا في راس النبع على ارتدائها، ولم يفكّرن في ذلك. ولَمّا شاهدتها أوّل مرّة على أجساد بنات المخيّم نفرت منها. فما الحاجة إلى هذه السراويل؟

كنت أراهنّ في الربيع عند سفح الجبل المحاذي لأرضنا وهنّ يجمعن الخبّيزة والزعتر وحشائش أخرى تنفع للطبخ في زمن الجوع. وكنت أراهنّ في الصيف عند السفح وهنّ يحتطبن، وأستغرب كيف وقعت تلك الكارثة التي أجبرت الناس على ترك بيوتهم وحقولهم وبيّارات البرتقال!

وكان أبي يجلس في مضافته في راس النبع، قبل وقوع الكارثة ويقول لمن حوله: من يوم أن صحوت على الدنيا وهذي البلاد في العذاب.

كان في تلك الأثناء يتذكّر أخي يوسف الذي طلع من سجن عكّا مودعًا فيه خمس سنوات من عمره الغض. التحق يوسف من جديد بالثورة التي قادها عبد القادر الحسيني، فلمّا استشهد عبد القادر في معركة القسطل، لم ييأس أخي. واصل القتال مع الثوّار، واستشهد في إحدى المواجهات دفاعًا عن القدس.

ظلّت أمّه سميحة، زوجة أبي الخامسة في ترتيب الزوجات، تلحّ عليه بعد خروجه من السجن، كي يتزوّج. كانت الراغبات في الزواج من بنات العشيرة يعترضن طريقه لكي يلفتن نظره إليهن، لعلّه يختار إحداهنّ زوجة له. وكنّ يرسلن إليه مع أخواتهنّ الصغيرات محارم من حرير طرّزن اسمه عليها، وتفوح منها روائح العطور، كما كنّ يأتين إلى بيتنا مع أمّهاتهن بحجّة أنّهنّ راغبات في زيارة أمّه. إلا أنّه لم يكترث

لهنّ، حتّى اعتقدن أنّه لا ينفع النساء. ويبدو أنّه كان يدرك إلى أين تأخذه الحياة، وإلى أيّ مصير يأخذه حبّ البلاد، فاختار أن يتزوّجها وكان له ما أراد. دفنه أبي مثلما دفن من قبل أخي وطّاف الذي قتله موظّفو الوكالة اليهوديّة.

وأنـا، فليحان بن منّـان، قلت: أحسن لي ألا أضع نفسي في مواضع خطرة، أنا أحبّ أن أعيش أطول حياة ممكنة، وأن أجني من متع الدنيا قدر المستطاع. بقيت أتابع ما يجري في البلاد بحذر. ولَمّا اندلعت الحرب ظلّ والدي يروي للناس في مضافته، ما رآه وما سمعه من تجّار القدس ومن أصحابه فيها. كان يقول بعد أن يتعب من سرد الحكايات والأخبار: البلاد ضاعت والناس تشرّدوا وهاموا على وجوههم في كلّ الجهات.

رسميّة وأهلها كانوا من ضمن المشرّدين.

كانت تأتي إلى سفح الجبل. وكنت أرى الجزء السفلي من سروالها الداخلي المصنوع من قماش رخيص. ولم أعد أنفر منها وهي ترتدي السروال مثلما كان الحال من قبل. أصبح بيني وبين سروالها ما يشبه التحدّي، ذلك أنّ إمعانه في حجب جسدها على نحو مبالغ فيه صار يغريني بتجريدها منه، لأرى الجسد المحجوب وأكتشف مزاياه.

ذات مرّة، لاحظت أنّها ترتدي سروالاً مشدودًا على ساقيها، له لون الرماد. عرفتُ من اللحظة الأولى أنّه ليس من سراويلها المعتادة، وكانت ترتدي سترة متعدّدة الألوان فوق ثوبها. ورأيت بنات المخيّم الأخريات يرتدين قمصانًا زاهية الألوان ويربطن على أعناقهنّ لفحات من قطن أو صوف. عرفت في ما بعد أنّ هذه السراويل والملابس هي من البقج التي تأتي من وراء البحار، ويجري توزيعها بالمجّان على المخيّمات.

ولم أشاهد رسميّة بالسروال الرمادي إلا ثلاث مـرّات. ربّما شعرَت بأنّ جسدها ينحشر فيه على نحو مرهق، وربما عيّرَتها به

إحدى بنات القرى التي لم تصلها مأساة اللجوء، فلم يعجب رسميّة هذا الأمر، وخلعت السروال نهائيّاً.

عندما اقتربت منها ذات صباح، توقّعت أنّها لن تنفر منّي. إلا أنّها نفرت، فأدركتُ أنّها لم تكن تفكّر بي ولا تعيرني أيّ انتباه. كانت منهمكة في التقاط الخبّيزة من سفح الجبل. وبدا عليها أنّها تتحاشاني، مع أنّ نهديها البارزين من تحت ثوبها شكّلا معضلة مباغتة لي. رأيت سروالها الداخلي الطويل، واستبدّت بي رغبة في كشف المستور. شعرت بحمّى تجتاح جسدي. ناديتها وقلت: يا بنت الناس، شو اسمك؟

– ليش السؤال؟

– تثقين بكلامي؟

تردّدتْ قليلاً قبل أن تردّ على سؤالي: أيّ كلام؟

– أجلس أنا على حجر، وتجلسين أنت على حجر.

لا أدري لماذا لجأت إلى هذا الطقس الذي اعتدنا عليه في البرّيّة، ثم لم نعد إليه بعد اعتمادنا على عقود الزواج المكتوبة. فكّرتْ في معنى كلامي، ويبدو أنّها لم تفهم مرادي. ولَمّا رأت الشبق يطلّ من عينيّ ابتعدت وهي تقول: لا. ما بدّي.

تركتها تمضي مبتعدة، ولم أعد قادرًا على نسيانها. صرت كلّما رأيتها يشتعل دمي شغفًا بها، أتقرّب منها بكلّ الوسائل الممكنة، أقف على مسافة غير بعيدة منها، أنتزع شبّابتي من تحت حزامي، وأنهمك في العزف عليها، أعزف ألحانًا راقصة وأخرى حزينة، أعزف لحن أغنية «على دلعونا وعلى دلعونا، راحوا الحبايب ما ودّعونا»، وفي الأثناء، لا تنصرف عيناي عنها، وهي تواصل التقاط الخبّيزة وحشائش أخرى، وتصغي لما أعزفه من ألحان، رغم تظاهرها بعكس ذلك.

وكنت أعرف أنّ وضحا ستجد فرصة أخرى للتشهير بي. وما زلت أذكر ادعاءها أمام نساء العائلة بأنّي أنافس ابنها محمّد الأصغر على زعامة العائلة.

* * *

أنا وضحا بنت عبد الهادي، زوجة منّان محمّد العبد اللات.

يا حسرة راسي قدّيش تعبت وشفت ويلات! وأوّل ما أرجوه وأتمنّاه أن يكون ابني محمّد الأصغر عند حسن ظنّ أبيه منّان، ليصبح كبير العائلة، ويقدر على المهمّة اللي كلّفه بها أبوه. أقول ورزقي على الله: نعم، فليحان ابن ضرّتي مثيلة ينافس ابني محمّد الأصغر على زعامة العائلة.

وأقول: فليحان يسمع كلام أمّه مثيلة. مثيلة لا تحبّني وهي تغار منّي. كان قصدها أن تظلّ مسيطرة على قلب منّان. خاب ظنّها. منّان لي أنا من دون نسوانه الثلاث. أنا أصغر زوجاته، أنا السادسة في ترتيب الزوجات. مثيلة أكبر منّي بعشرين سنة، وصفيّة أكبر منّي وسميحة أيضًا، والرحمة على فاطمة ووطفا. ومنّان يهتمّ بي أكثر من اهتمامه بمثيلة وصفيّة وسميحة. وأنا أعرف كيف أحتفظ به في بيتي، وأعرف كيف أوفّر له الراحة والاطمئنان. وإنْ كان فليحان يريد أن ينتصر لأمّه ضدّي، فأقول له: لن تفلح يا فليحان.

ومن يوم أن رحلنا من البرّيّة وأنا أقول لمنّان: هذا ابنك فليحان ما له أمان. ويا ما قلت لابني محمّد الأصغر: لا ترافق فليحان إلى أيّ مكان. قد يأخذك لترعى معه الأغنام ويرميك في بئر مهجورة، مثل ما أخوة يوسف رموا يوسف في البئر.

ويا حسرة راسي قدّيش خفت على محمّد لما كان عمره خمس سنين. زارتنا امرأة، عيونها زُرق واسنانها فُرُق. بعينيها ترمي الطير

وهو طاير. شافته، وقالت هالولد وجهه مثل البدر في سماه. قلت لها اذكري الله، قولي ما شاء الله عليه واسم الله عليه. طلعت، يا قبرت عمرها، من عندي، وصار الولد يسعل ويقحّ ويشهق. صرت أبخّره في الليل وفي النهار، والسعلة تزيد.

وصفت لي واحـدة من الجـارات حليب ناقة. حلبت الناقة وسقيته حليبها. أخذناه إلى عيادة الدكتور. أعطاه دوا ونصحنا نخلّيه يقعد في أريحا كم من أسبوع. أخذناه أنا ومنّان، وكان الطقس شديد البرودة في راس النبع. استأجرنا غرفة في أريحا، سكنّا فيها شهرين، وكانت جارتنا أرملة مزيونة وبنت ناس، وأنا قلت يمكن عين منّان تزوغ نحوها. ولولا إنّي خفت يصير إشي مش مليح، كان بقينا هناك مدّة أطول، لأنّ الطقس في أريحا دافىء وما أحلاه! وإنْ هالولد يتحسّن ما تحسّن.

رجعنا للدكتور وكتب له دوا، وقال لنا: خذوه إلى يافا، ليتنفّس هواء البحر. أخذناه، واستأجرنا غرفة في يافا لمدّة شهرين. من شبّاك الغرفة، كنّا نشوف عسكر الإنكليز وهم في الجيبات والمصفّحات في الشوارع، وكنّا نشوف البحر، بحر يافا كبير وواسع على مدّ النظر، وكنت أخاف منه وأقول لنفسي: قدّيش فيه أسرار هذا البحر! وكنّا نشوف البيوت مرصوصة، البيت جنب البيت. يا سبحان الله، قدّيش يافا جميلة! لكن اللي كان يزعلني أنّ بنت الجيران لمّا كانت تنزل إلى الساحة لتلعب مع محمّد، كانت أمّها تناديها وتسحبها من يدها عشان خايفة عليها من العدوى. ومع هذا والذي، بقينا في يافا شهرين.

قلت: أجـرّب الطبّ اللي عرفته من أمّـي مرجانة. أحضرت الشبّة. الشبّة أنثى طيّبة وما منها خوف. وضعتها على قطعة حديد فوق بابور الكاز. الشبّة صارت تتشكّل في أشكال وألوان. وبعد وقت توضّحت صورة المرأة الحسود. شفت وجهها وعينيها. أحضرت إبرة

خياطة، وقلعت عينيها الثنتين. تشاهدت وذكرت اسم الله سبع مرّات. بعدين، وصفت لي إحدى الجارات عظْمة من ساق الذيب. فتّشت عن العظْمة ووجدتها عند تاجر جلود وعلّقتها على كتف الولد. وإنْ هالولد يتحسّن ما تحسّن.

مهيرة، زوجة عبد الجبّار، عمّ زوجي منّان، خبّرتني عن فتّاح في الخليل. قالت مهيرة: من شهرين صار عبد الجبّار ينام عند زوجته العتيقة وما يفارقها.

ركبنا الباص من القدس إلى الخليل. مشينا في شارع ما فيه ناس. في الشارع وقعت لنا واقعة يا لطيف الطف يا الله. طلع لنا واحد مهبول، شعره مثل شعر الغول، قامته طويلة، وجسمه هزيل. شافنا أنا ومهيرة، خلع ملابسه وصار، يقبر عمره، مثل ما ولدته أمّه. أنا قلت والله هذا شيطان. صرت أقرأ آيات من القرآن، وما تراجع الملعون. حدّق فينا وصار يمشي في اتجاهنا. أنا حملت حجر ومهيرة حملت حجر.

لَمّا عرف إنّا ممكن نفشخ راسه ونسيّل دمه خاف. أعطانا ظهره وانشغل في حاله، واحنا مشينا إلى بيت الفتّاح. الفتّاح كتب لمهيرة حجاب محبّة، أخفته في المخدّة اللي يحطّ راسه عليها عبد الجبّار. كتب لي الفتّاح حجاب ضدّ السعلة، علّقته على كتف محمّد، بجنب الخرزة الزرقا والعظْمة اللي من ساق الذيب، وإنْ هالولد يتحسّن ما تحسّن.

* * *

أنا محمّد الأصغر، أمّي وضحا وأبي منّان، لم أعش في البرّيّة ولم أولد فيها. كانت عشيرة العبد اللات غادرتها أواسط الثلاثينيات وأقامت بيوتها قريبًا من القدس. ولدتني أمّي في بيتنا الذي بناه أبي في راس

النبع قبل سنوات قليلة من ولادتي. لم أعرف شيئًا عن حياة أهلي في البرّيّة إلا من أمّي وأبي وبعض أقاربي.

كنت في الخامسة حين أصبت بالسعال الديكي الذي حيّر أمّي وأبي، ولم يفارقني إلا بعد ثلاث سنوات. أذكر مثل حلم غامض معاناتي من هذا السعال، وأذكر إقامتنا في أريحا. وما زلت أتذكّر روائح البرتقال التي كان يحملها الهواء إلى البيوت في ساعات المساء، وأتذكّر الجبل العالي عند أطراف المدينة وعليه دير معلّق في بطن الجبل. أتذكّر المرأة التي كانت تعيش في الجوار. تأتي بين الحين والآخر للتسامر مع أمّي، تساعدها في الطبخ وفي الغسيل، تفتح لي ذراعيها، تقبّلني وتضمّني إلى صدرها، يرتطم جسدي بثدييها، ثم تتركني لأركض في الساحة تحت سماء ملبّدة بالغيوم. وسأدوّن كلّ ذلك في دفتري، سأدوّن كلام أمّي بأسلوبها نفسه وبطريقتها العفويّة في الكلام، وقد أتدخّل قليلاً في بعض الأحيان.

ولا أذكر من يافا سوى البحر. كنّا نذهب إلى الشاطئ، ألعب بالرمل وأنا أتنفّس هواء البحر المضمّخ بروائح شتّى. كانت تدهشني زرقة المياه وتموجّاتها التي تخفّ حينًا وتهيج حينًا آخر، وكنت أضرب بقدمي الأمواج التي تتراخى ثم تنطفئ عند الشاطئ. أذكر ابنة الجيران التي كانت تنزل إلى الساحة لتلعب معي. أقبض على يدها وأجذبها نحوي ثم أركض وأطلب منها أن تركض معي، فتأتي أمّها بشعرها المتناثر على وجهها، تحدجني بنظرات غريبة، تنتزع ابنتها منّي، تعود بها إلى البيت، وتغلق الباب لأبقى وحدي في الخارج مثل قطّ حيران.

أعرف أنّ أمّي ستعود غير مرّة إلى ذكر التفاصيل الخاصّة بهذا المرض، ستتحدّث عن قلقها عليّ، وعن استعدادها للذهاب إلى أيّ مكان يمكن أن تجد لي فيه دواء، وستعود إلى الحديث عن أريحا وعن يافا وعن ذكرياتها فيهما.

وكما هي عادتها، فهي توزّع أحاديثها في ليالي السمر على موضوعات عدّة بحسب السامعين ومدى استعدادهم للاستماع إليها. وحين تتوقّف عن سرد الوقائع التي عاشتها في البرّيّة أو عرفتها من أفواه الآخرين، تعود إلى راس النبع وتفاصيل حياتها فيها. تتذكّر خوفها من المذياع الذي سلّمته سلطات الانتداب لوالدي، وكان يستقرّ فوق طاولة في ركن المضافة. اعتقدتْ أنّه مسكون، وكانت، عندما تستمع إلى أصوات الرجال والنساء المنبعثة من داخله، تتطيّر وتكثر من ذكر الله، وتسأله أن يحفظ عائلة العبد اللات من شرور هؤلاء الساكنين في المذياع.

وذات مرّة، لَمّا كانت منهمكة في تنظيف المضافة وترتيب الفراش المعدّ فيها للضيوف، تجرّأت على الاقتراب من المذياع وأدارت مفتاح التشغيل. صدرت همهمة غامضة فارتعبت، وقدّرت أنّها أيقظت الساكنين فيه. لامت نفسها وحاولت إسكات الهمهمة، إلا أنها لم تكد تلمس مفتاح التشغيل حتّى اندلعت الأصوات من الداخل. غادرت المضافة، وبقيت الأصوات تهدر متشابكة حينًا، منفردة حينًا آخر. لم يكن أبي في البيت، ولم تجرؤ أمّي على دخول المضافة ثانية إلى أن جاء أحد رجال العائلة وأسكت المذياع.

تتذكّر أمّي أخي وطّاف الذي استشهد أواخر الثلاثينيات، واستشهدت زوجته مروادة بعده. جاءت عصابة صهيونيّة إلى راس النبع تحت جنح الظلام، وراحت تجوب أطراف القرية وتطلق الرصاص. مروادة، بعد استشهاد وطّاف، لم تغادر راس النبع مع أهلها الغجر الذين غادروا إلى أريحا طلبًا للدفء، بل بقيت مع عائلة زوجها، وأمضت فترة حدادها عليه سبع سنوات. خرجت من بيتها وفي يدها حجر. اعتقدت أنّ بوسعها تكرار فعلتها حين شجّت رأس أحد ممثّلي الوكالة اليهوديّة، دفاعًا عن زوجها وطّاف. إلا أنّه قتل في تلك الواقعة،

ومروادة، قبل أن تقذف الحجر كما فعلت من قبل، جاءتها رصاصة من أحد أفراد العصابة وأردتها قتيلة.

تتذكّر الهجوم الذي تعرّض له جبل المكبّر عامَ ثمانية وأربعين. تصدّت عشائر السواحرة له بما لديها من بنادق ومسدّسات. وهبّ عدد من أبناء راس النبع للنجدة. أبي منّان كان من بين الذين هبّوا للنجدة. كان يمضي وقتًا غير قليل وهو يدهن بندقيّته وينظّفها بالزيت. وكان في أحيان أخرى يتدرّب على الرماية وإصابة الهدف، ومعه عدد آخر من أبناء العشيرة ممّن اشتروا بنادق للدفاع عن الوطن. قالت أمّي: خفت عليه لَمّا ذهب إلى الحرب. قالت: الحرب أنثى شريرة، وهي تلتهم الرجال.

استنفد أبي كلّ الفشك الذي كان لديه. بعد ذلك، وضع بندقيّته تحت إبطه وانسحب عائدًا إلى البيت.

كانت تلك الليلة وما وقع فيها تشكّل مادّة للحديث لا تملّ أمي من ترديدها، وهي تختار وقتًا مناسبًا لذلك، إذ لا يمكنها أن ترمي الحكاية على مسامعنا من دون سياق، أو من دون مناسبة تسوّغ سردها. وهي في بعض الأحيان، تمهّد لمعركة الجبل بوقائع لها صلة بما وقع في البلاد، بحيث يأتي ذلك كلّه في وقته الصحيح وفي مكانه الصحيح، ثم تستطرد ويتشعّب الكلام ويطال موضوعات عدّة، وهي تحرص في كلّ الأحوال على أن يكون أبي حاضرًا عندما تبدأ السرد. يصغي إليها بانتباه، لأنّه في أغلب الحالات يظفر بحيّز ملموس داخل سردها، فكأنّها شهر زاد التي تغري شهر يار بأحاديثها المستفيضة الشائقة.

وكانت تقول إنّ الصحابة الذين جاءوا مع عمر بن الخطاب إلى القدس، ودفنوا بعد أعمار طويلة في جبل المكبّر، نهضوا من قبورهم لقتال المعتدين في تلك الليلة. وقد شاهدهم رجال السواحرة الذين

شاركوا في المعركة. قالت أمّي: شاهدوهم وهم يظهرون على هيئة أشباح بيضاء وفي أيديهم السيوف. وكان أبي يقول من دون أن يقصد التشكيك بكلام أمّي، إنّه كان منهمكًا في إطلاق النار، ولم يكن لديه وقت للتأكّد من مشاركة الصحابة، رضي الله عنهم، في القتال.

وكانت تتحدّث عن أيّامّها مع أبي في البرّيّة، وعن عرسهما الذي حضره أبناء العشائر وبناتها، تتحدّث عن مآثره وعن كرمه، وعن المآزق التي وقع فيها ثم خرج منها سالمًا. وهي تشتطّ أحيانًا في سرد الأخبار التي تعنيه، وتبوح (ربّما عن قصد) ببعض أسراره التي خصّها بها. تتحدّث مثلاً عن بعض النساء اللواتي صادفهنّ في حياته، كيف كنّ يغوينه لعلّه يتزوّجهن! وهو لا يلتفت إليهنّ، لأنّه أخذ على نفسه عهدًا بعدم التفكير في الزواج بأيّة امرأة أخرى بعد أمّي.

تسرد حكاياتها على مسامعنا وهي ممتنّة لوفاء أبي، وهو يشعر بارتياح لأنّ مواقفه المشرّفة تنتقل على لسانها إلى الأبناء والبنات، بأسلوب مقنع، ما يجعل هذه المواقف جديرة بأن ترسخ في الأذهان، وأن تُدوَّن في الدفاتر، لتكون دروسًا بليغة يقتدي بها أبناء العائلة.

تتعزّز قناعتها، وهي تسرد حكاياتها، بأنّها تقوم بواجب الحكي في ليالي السمر، ليس لأنّها مؤهّلة لذلك وراغبة فيه وحسب، وإنّما لأنّها تواصل تقليدًا رسّخته في ليالي العائلة والعشيرة جدّتي صبحا، التي شكّلت على امتداد سنوات عمرها الطويل ذاكرة العشيرة، وأمّي تواصل التذكير بأنّ جدّتي، وهي على فراش الموت، كلّفتها بأن تواصل سرد الحكايات من بعدها، ولذلك فهي تضطلع بمهمّتها من دون تردّد، وتتقمّص في بعض الأحيان شخصية الجدّة صبحا أثناء السرد، ولا تمعن في التقمّص حين تتذكّر أنّ جمالها مضروب فيه المثل في عشيرة العبد اللات، فتعود إلى الإتكاء على شخصيّتها التي جعلت أبي منصرفًا إليها من دون زوجاته الأخريات.

تعيد على مسامعنا سرد حكايات الجدّة من باب الوفاء لذكراها، مع ملاحظة أنّها لم تكن تتقيّد بنصوص الحكايات، تتصرّف فيها، وتحذف منها وتضيف إليها، على النحو الذي يناسب مزاجها. تقول: الحكاية أنثى مسالمة، والإضافة الصحيحة إليها لا تقلّل من قيمتها.

وكانت علاقتي الحميمة بسناء تشكّل واحدة من اهتماماتها التي لا تقلّ إثارة عن اهتمامها بسرد الحكايات. بعد مرور سنة على زواجنا صارت تتحسّس بطن سناء، وتقول إنّها راغبة في رؤية ابني يركض في الحيّ مع الأولاد. تحدّثنا عن حلمها الذي يتكرّر: ترى سناء وهي تمشي متمايلة في الحي، وقد صارت دجاجة وافرة الريش، وخلفها سبعة عشر فرخًا من دون زيادة أو نقصان. كنت أبتسم وأنا أتابع حلمها، ثمّ أستمهلها بالحسنى وأقول لها إنّ الولد سيأتي، وما عليها إلا أن تنتظر. تلوي شفتيها وتقول بهمهمة غامضة: على خير إن شاء الله.

تقول سناء إنّها غير مستعجلة على الإنجاب. وكنت اتفقت معها على أن نؤجّل هذا الأمر خمس سنوات. ولم أخبر أمّي وأبي بهذا القرار، لأنّه من وجهة نظرهما قرار هدّام، يهدّد بإضعاف عشيرة العبد اللات، وربما يعرّضها لخطر الانقراض. وهو يتناقض مع المهمّة التي كلّفني بها أبي.

كان أبي معنيًّا بأن أكثر من إنجاب الأولاد الذكور انصياعًا منه لرغبة قديمة، لها علاقة بتعزيز قوّة العشيرة لتكون قادرة على مواجهة العشائر الأخرى في أيّ شجار. أقول له إنّ الزمن تغيّر يا والدي. يهزّ رأسه أسفًا وأسى ولا يمعن في التعصّب لفكرته، كما لو أنّه يتّفق معي ضمنًا على أنّ الزمن تغيّر، فيظلّ حائرًا بين زمن مضى بكلّ ما له وما عليه، وزمن راهن يسرّه حينًا ويغضبه في بعض الأحيان.

كنت منسجمًا مع سناء، وهي منسجمة معي، نعيش حياتنا من دون مفاجآت. ولم يكن هذا الانسجام يريح أمّي ما دام لا يتجلّى في أولاد يولدون الواحد بعد الآخر.

وذات صباح، فتحت دفتر المحكمة استعدادًا لإحدى الجلسات. سأله القاضي وهو يقف أمامه: ما اسمك؟ قال: معتز أحمد محمّد يوسف. كم عمرك؟ أربعون سنة. عملك؟ تاجر. سكنك؟ مدينة القدس. ما اسم زوجتك؟ سناء رشيد محمّد يوسف. منذ كم سنة أنتما متزوّجان؟ من ثلاث سنوات. لماذا تريد الطلاق من زوجتك؟ لا تطيعني. أوضح، كيف لا تطيعك؟ لا تعطيني حقّ الزوج على زوجته إلا بطلوع الروح. يعني في النهاية تعطيك هذا الحق؟ أحيانًا نعم وأحيانًا لا.

سألها القاضي: ما اسمك؟ قالت: سناء رشيد محمّد يوسف. كم عمرك؟ خمس وعشرون سنة. عملك؟ موظّفة في بنك. سكنك؟ مدينة القدس. لماذا تريدين الطلاق من زوجك؟ أنا لا أريده وهو لا يريدني. هل تحرمينه من حقّ الزوج على زوجته؟ أحيانًا. ما السبب؟ المزاج لا يكون مؤاتياً. ألا توجد فرصة لإصلاح ذات البين؟ لا توجد أيّة فرصة. لو أعطيتكِ وقتًا للتفكير في الموضوع، هل توافقين؟ لا داعي لذلك.

كنت أدوّن كلّ كلمة تقولها سناء، وأنا أرمقها بإعجاب وهي تقف أمام القاضي. شعرها المائل إلى لون الذهب يترامى على كتفيها، وفستانها الخمريّ ينسدل على جسدها، ويظهر من تحته ساقان يغطّيهما جوربان ناعمان. قلت لنفسي: ستباركني والدتي وضحا عندما أخبرها بأنّ هذه المرأة دخلت قلبي من اللحظة الأولى.

حين تتغاضى أمّي عن إسراف سناء في صرف المال وعن تأخّرها في الإنجاب، تتذكّر نكد الضرائر، وعدم إظهارهنّ الحزن على موت أختي عزيزة. تروي حكايتها التي لطالما روتها في ليالي السمر، عن الزوجة التي لم تكن تحبّ ابنة ضرّتها المتوفّاة. أرسلتها ذات

صباح إلى بلاد بعيدة لإحضار نبتة البركة، وتمنّت ألا تعود. وضعت لها الطعام في كيس، من دون أن تعرف البنت نوع هذا الطعام. وهو ليس إلا النخالة والتراب وقشور الفواكه. في الطريق، مرّت البنت بشيخ له لحية بيضاء، هو في حقيقة أمره ملاك، استوقفها وألقى نظرة على الطعام، وصار يسألها: ما هذا يا ابنتي؟ تجيبه من دون أن تنظر إلى الطعام: هذا خبز. يقول: خبز إن شاء الله. وما هذا؟ هذي جبنة. جبنة إن شاء الله. وما هذا؟ هذا لحم الضأن. لحم الضأن إن شاء الله. وإلى أين أنت ذاهبة؟ إلى بلاد الخير لإحضار نبتة البركة. وصف لها الملاك الطريق إلى هناك. شكرته ومشت في الطريق. ولما جاعت فتحت الكيس وأكلت ألذّ طعام. ثم واصلت المشي إلى أن وصلت بلاد الخير. رحّب بها أهل البلاد وسمحوا لها بأن تأخذ نبتة البركة. وعادت إلى زوجة أبيها.

قال أبي: الآن تظهر المفاجأة. وبدا متشوّقًا لسماع بقيّة الحكاية رغم أنّه سمعها من قبل عددًا من المرات، قالت أمّي: غارت زوجة الأب من ابنة زوجها، وقرّرت أن ترسل ابنتها لإحضار نبتة البركة.

ملأت الكيس لابنتها بأشهى طعام، ودّعتها ودعت لها بالعودة سالمة غانمة. مشت البنت في الطريق، ومرّت بالشيخ صاحب اللحية البيضاء. استوقفها وألقى نظرة على الطعام. سألها: ما هذا يا ابنتي؟ جاوبته باستعلاء: خرا. قال: خرا إن شاء الله. وما هذا؟ هذي قمامة الدار. قمامة الدار إن شاء الله. وما هذا؟ هذا روث الماشية. روث الماشية إن شاء الله. وإلى أين أنت ذاهبة؟ إلى بلاد الشياطين.

مشت البنت في طريق وعرة. وعندما جاعت فتحت الكيس، وما وجدت فيه أيّ شيء يصلح للأكل. صارت تبكي. ظهر لها الشيخ أبو اللحية البيضاء. قال لها: يا ابنتي، كوني حسنة اللفظ، بعيدة من العجرفة والخيلاء. شعرت البنت بالندم، وساعدها الملاك على

العودة إلى البيت. ولما شافتها أمّها وهي في حالة لا تسرّ أيّ صديق، عرفتْ أنّها نالت جزاءها بإضمارها الشرّ لابنة زوجها.

أنهت أمّي الحكاية وقالت: طار الطير وتتمسّون بالخير.

تأمّلها أبي وتنهّد بارتياح، وهي شعرت بامتنان لأنّه يهتمّ بكلّ ما يصدر عنها من كلام.

كان من عادتها أن تضع يدها على خدّها ثم تفتح أبواب الذاكرة، فأتخفّف من القلق لأنّها لن تتطرّق لذكر سناء. تمرّ مرورًا سريعًا بأسلوبها المبسّط على مآسينا، ثم تعرّج على موضوعها الأثير، المتمثّل في أيّامها التي عاشتها في البرّيّة. تقول إنّها ولدت لأمّ وادعة ولأب عصبيّ المزاج. شديد القسوة على زوجته وعلى الأولاد. ترعرعت في البرّيّة وصارت تنتبه إلى ظلّها وهو يلازمها في السهل وعند سفح الجبل، كأنّه أخوها. ولكي تنسى قسوة الأب انشغلت بظلّها وأكثرت من اللعب معه. تقف على رؤوس أصابعها فيمتدّ ظلّها ويصبح أطول، تقرفص على قدميها فينكمش ظلّها وتلمسه بيديها، تضطجع فوق التراب فيصبح ظلّها تحتها تقريبًا، تبتسم له وتتركه هاجعًا بالقرب منها، ثم تنهض وتمضي راكضة فيركض ظلّها معها.

درّبت نفسها على التعايش مع الساكنين معها في المكان، الذين لا ينشطون إلا في الليل، تكثر من ذكر الله كي تبطل أذاهم. تبدأ المشي بقدمها اليمين وليس بالشمال كي لا تستفزّهم، لا ترشق الماء جزافًا أينما كان، كي لا يقع على رؤوسهم وهم غافلون، وآنذاك يستشيطون غضبًا، ثم يرسلون أحدهم لكي يتلبّسها فتصاب بالجنون. لم تقصّر في واجباتها تجاه عائلتها. وأثناء ذلك تفتّحت أنوثتها وهي تركض في السهول وتصعد الجبال. كانت هذه أجمل بشارة زفّتها إلى أمّها، فابتهجت الأمّ وأدركت أنّ رحلتها في الحياة لم تذهب سدى.

أحبّها أبي من النظرة الأولى وأحبّته، خطبها وتزوّجها. خافت عليها أمّها من تبعات الزواج، لأنّها كانت في الثالثة عشرة. اعتبرتها طفلة لم يحن وقت زواجها. قالت إنّها أصغر بنت في العشيرة جاءها الزوج. كنت أناكفها في بعض الأحيان وهي تكرّر حكاية زواجها عددًا لا يحصى من المرّات، وأقول لها: الرسول محمّد تزوّج عائشة بنت أبي بكر وهي في التاسعة من العمر. تستغفر ربّها وتبدو متهيّبة من الخوض في هذا الموضوع. تقول: ما كان هذا يا ولدي إلا لحكمة أرادها ربّ العباد.

انتقلت أمّي من بيت عائلتها التي تهتمّ بتربية الأغنام وزراعة الأرض، إلى عائلة والدي التي لها اهتمامات مشابهة. إلا أنّ لعائلة والدي طقوسًا خاصّة تختلف قليلاً عمّا ألفته في بيت أهلها. هناك في بيت أهلها لا توجد أسرار. كلّ شيء مكشوف في البرّيّة الواسعة. هنا في عائلة زوجها تتجلّى الرغبة في المحافظة على الأسرار ما أمكن، إنْ مرض ولد أو بنت يجري التكتّم على مرضه أو مرضها، وإنْ ماتت نعجة من نعاج القطيع يجري دفنها بالخفية تحت جنح الليل، خوفًا من شماتة الشامتين والشامتات. ولربّما كانت فضيحة فلحة التي لم تتمكّن العائلة من التستّر عليها سببًا من أسباب هذا الحرص على كتم الأسرار. لعائلة زوجها أيضًا ذكريات مع فرس الجدّ عبد الله التي ظلّ شبحها يزور بعض نساء العائلة ويؤرّقهن بعد مقتل فارسها، كأنّها تتأسّى على الفارس المغدور، أو كأنّها غير راضية عمّا آلت إليه عشيرة العبد اللات من تفكّك وهوان.

حين وقعت كارثة 1948، كانت أمّي تعيش مع أبي في راس النبع، ولم يبق في رأسها من البرّيّة إلا وميض الذكريات.

2

كنت في بدايات تفتّح وعيي على الحياة حين وقعت الكارثة. كنت في الثامنة، ومع ذلك لم تكفّ أمّي عن تكرار القول وهي متباهية بي: أنت هالحين رجل. فكأنّها تستعجل الوقت ولا تطيق الانتظار. وكنت مطلاً على الحياة اليوميّة لأمّي، قريبًا منها على نحو حميم. كان أبي دائم الانشغال بشؤون العائلة والعشيرة، يغيب عن البيت طوال النهار تقريبًا، أو يظلّ منشغلاً مع الرجال الذين يأتون إلى مضافته. كنت أتردّد على المضافة بين الحين والآخر ثم أغادرها، وأعود إلى أمّي فأشعر إلى جانبها بالأمان، إلا عندما تكون متطيّرة معتكرة المزاج، أو تكون منهمكة في تبادل الهمس مع إحدى الجارات. آنذاك، كانت تقصيني عنها، فأبتعد من دون ضجيج.

أنزلت أمّي الرايات السبع التي رفعتها على سطح البيت لأنّني شفيت من السعال الديكي. أنزلتها مضطرّة لأنّ مزاجها لم يكن يحتمل أقلّ هفوة. ولم أدرك يومها كلّ شيء يدور حولي، إلا أنّني عرفت أنّ ثمة قتلاً وإراقة دماء وتشريدًا للفلسطينيّين. واستمعت إلى قصص يرويها أناس أعرفهم وآخرون أراهم للمرّة الأولى ثم يغيبون. كانت الأمور مختلطة والحياة لم تعد تسير سيرها المعتاد.

وكنت كلّما أتيحت لي فرصة أصغي لما يقوله الناس في مضافة أبي. يأتون للاستماع إلى الأخبار من مذياعه الوحيد الذي لم يكن لدى عشيرة العبد اللات سواه، وللإحاطة بما حدث ويحدث في البلاد على ألسنة شهود عيان يحلّون ضيوفًا على أبي. أسمع عن الفظائع التي ارتكبتها العصابات الصهيونيّة ضدّ الناس، عن مجزرة دير ياسين التي بُقرت فيها بطون النساء الحوامل، عن مجزرة الدوايمة التي قتل فيها، من بين الذين قتلوا، مئة وسبعون طفلاً، واغتصبت فيها النساء. عن تهجيرهم القسري من بيوتهم. وأسمع دويّ القنابل على القدس، فأخاف.

وكانت نجمة، زوجة عمّي عبد الودود، تعمل في بيت موظّف في أحد البنوك. يقع البيت في حيّ الطالبيّة. هناك، في الطالبيّة وكذلك في القطمون، كانت تقيم النخبة الميسورة من الموظّفين والتجّار والمثقّفين المقدسيّين. زوجة عمّي كانت تخرج من بيتها في حي المغاربة في القدس القديمة كلّ صباح قاصدة حيّ الطالبيّة، لتنظيف بيت الموظّف ولإعداد الطعام له ولزوجته التي تعمل معلّمة، ولأولادهما الذين يعودون من المدرسة بعد الظهر. نجمة كانت قانعة بحياتها في خدمة حنّا وعفيفة، وكانت على قناعة بأنّ تصرّفها كان صحيحًا حين غادرت راس النبع وسكنت في المدينة. إلا أنّ العائلة كان لها رأي آخر، خصوصًا عندما خلعت نجمة ثوبها الطويل ولبست الفستان. كان أخي محمّد الصغير يتحدّث عنها باشمئزاز ويقول: الملعونة بنت حرام. وتردّ أمّي عليه: نجمة بنت حلال، وهي أنثى كاملة التكوين. بعض نساء العائلة كنّ يحسدنها على جمالها الذي لم ينل منه إلا قليلاً عسفُ الزمان.

لَمّا اقترب الخطر من حيّ الطالبيّة. قالت نجمة إنّها ارتعبت من دويّ القذائف وأصوات طلقات الرصاص، وتوقّعت أنّ مجدها

البسيط الذي صنعته بجدّها واجتهادها على وشك أن ينهار. وهي مشفقة على نفسها وعلى حنّا وعفيفة اللذين سوف يتشرّدان إنْ هما اضطرّا إلى مغادرة بيتهما الذي عاشا فيه طوال سنوات.

غادرت الحيّ عائلات كثيرة بسبب الهجمات المتكرّرة على الأحياء المجاورة، وبدا أنّ الهجوم القادم سيكون على حي الطالبيّة. ترك الناس بيوتهم وأثاث البيوت وكلّ ما يملكون وغادروا، تركوا الصور العائليّة على حيطان البيوت، والبدلات والفساتين والمعاطف والقمصان في الخزائن، والكتب على الرفوف، والورد ونباتات الزينة الأخرى في أواني الفخّار. تركوا غرف النوم وهي مسدلة الستائر وغادروا، ولم يحملوا معهم سوى أمتعة قليلة وفيض الذكريات (ستذكر مريم، زوجة أخي محمّد الكبير أنّ بيت المربّي خليل السكاكيني الكائن في حي القطمون تمّ الاستيلاء عليه، وفيه من أمّهات الكتب ما فيه).

عرضت نجمة على حنّا وعفيفة أن يسكنا مع أولادهما في بيتها في حيّ المغاربة إلى أن تنجلي هذه الغمّة، رغم اعتقادها بأنّها لن تنجلي إلا عن خسارة فادحة. مع ذلك، حاولت التخفيف من وقع المأساة عليهما، قالت: إن شاء الله الأوضاع تهدأ، والناس يعودون إلى ممارسة حياتهم مثل المعتاد.

ابتسما بحزن وهما يستمعان إلى كلامها، ويواصلان في الوقت نفسه اختيار بعض أمتعتهما لكي يحملاها معهما.

بعد سقوط الجزء الغربي من القدس، غادر حنّا وعفيفة وأولادهما بيتهم في حيّ الطالبيّة. وعادت نجمة إلى حيّ المغاربة الذي لم يسلم من تساقط القذائف على بيوته الواهنة. ظلّت متشبّثة ببيتها ومعها زوجها عبد الودود. وكان القتال على أشدّه في القدس.

نوال، ابنة نجمة وعمّي عبد الودود، تعمل معلّمة في مدرسة بالمدينة، ولديها ثلاثة أبناء من زوجها الذي يعمل طبيب أسنان.

وهي نادرًا ما تزور راس النبع. تقول: لماذا أزورها والناس فيها ما زالوا يحملون عقليّة البرّيّة التي جاءوا منها، وليس لهم إلا القيل والقال؟

كانت تنفر من نساء العشيرة، وكنّ ينفرن منها، ويتّهمنها بالتعالي عليهن، وحين يضمّهنّ مجلس في الصباح أو في المساء يجدن في استغابتها مادّة دسمة للحديث، يشرّحنها من شعر رأسها إلى أخمص قدميها، ويتّهمنها بأنّ الخطيب عبد القادر الذي تعلّمت على يديه القراءة والكتابة كان على علاقة بها. تدّعي إحداهنّ أنّه كان يداعب بيديه رمّان صدرها. تهزّ أمّي طوقها وتذكر اسم الله سبع مرّات، وتطالب نساء العشيرة بعفّة اللسان وبالكفّ عن رمي المحصَنات بمرّ الكلام. فلا يرعوين ولا يتوقّفن عن الغمز واللمز، بل يواصلن ذلك إلى أن تتوسّط الشمس كبد السماء، أو يبزغ قمر خجول من وراء الأفق.

احتمل أبي تعريض نوال بالعشيرة وبأهل راس النبع، ولم يكفّ عن التفاخر أمام أصحابه من تجّار القدس، بأنّ ابنة أخيه متزوّجة من طبيب.

كان قد طلب يدها لأخي أدهم قبل زواجها من الطبيب، إلا أنّها لم تقبل به زوجًا، فأصيب أدهم بصدمة تركت أثرًا بيّنًا عليه، ورسمت له مسارًا لا يخلو من مفاجآت. احتمل أبي الغصّة وأبقاها في صدره، مثلما احتمل غيرها من الغصّات. وكنت أرى في ذلك عبئًا يضاف إلى أعبائي، أنا المكلّف بجمع شتات العائلة، رغم أنّ هذا الذي حدث مرّت عليه سنوات، إلا أنّ آثاره ما زالت باقية حتّى الآن تحفر في جسد العائلة ولا تفارقه بأيّ حال.

ولم تكترث نوال له. نسيته في الحال، وواصلت العيش خارج السور في الجزء الشرقي من القدس. واصل عمّي عبد الودود ونجمة العيش في حيّ المغاربة قرب السور. أحبّ عمّي وزوجته هذا الحيّ

للروابط الحميمة التي نشأت بين الجيران، ولأنّ فيه الدليل على احتضان القدس للتعدّدية وتجاور الأجناس. جاءه المغاربة من شمال إفريقيا ليحاربوا مع صلاح الدين الأيوبي ضدّ الفرنجة، ولتحرير القدس من غزوهم، وجاءوه حجّاجًا إلى المسجد الأقصى وسكنوه، ثم صاروا مقدسيّين. كان لعبد الودود أصدقاء مغاربة في الحي، وكانت نجمة مرتاحة للإقامة فيه. ولحسن الحظّ لم يتعرّض بيتها للأذى ولم تصبه القذائف التي كانت تنصبّ على الحيّ من جهة الغرب.

رغم ذلك، أصيبت نجمة بخيبة أمل، وشعرت بأنّ ما جرى أكبر من قدرتها على الاستيعاب، شتمت هؤلاء الأغراب الذين اقتحموا حياتها وسبّبوا لها قلقًا على مصيرها وعلى مصير البلاد. ولطالما تحسّرت على حيّ الطالبيّة، وعلى الحياة المريحة هناك. تذكّرت حنّا وعفيفة والأولاد، وتساءلت عن مكان إقامتهم الجديد. قالت: أكيد صاروا شرقيّ النهر.

حاولت غير مرّة قطع الطريق التي اعتادتها في الذهاب كلّ صباح إلى حي الطالبيّة. إلا أنّها كانت تصطدم بالأسلاك الشائكة وبمنطقة الحدود التي تفصل شرق القدس عن غربها، فتعود من حيث أتت. أخبرت عمّي عبد الودود بما كانت تفعله، حذّرها وقال:

– ديري بالك يا نجمة، يقتلونك.

ثمّ عرفت أنّ حنّا وعفيفة عادا من عمّان بعد الهدنة وانتهاء القتال، وضياع الجزء الأكبر من فلسطين. وأنّهما استأجرا بيتًا في حيّ الشيخ جرّاح. عرفت ذلك صدفة حين كانت ذاهبة إلى الحمّام. هناك التقت مع عفيفة، وعانقتها بمحبّة واشتياق. وعادت للعمل في بيتها كما كان الحال من قبل، مع غصّة لا تفارقها، لكنّها تخفيها ولا تسمح لها بالظهور.

ظلّت الغصّة ملازمة لأبي طوال سنوات. طلبتُ منه أن يرأف بحاله، لأنّ شجون العائلة أكثر من أن نحصيها. كان هذا بعد رفض

نوال الزواج بأدهم بسنوات. ظلّ أبي مهمومًا، وفتح أدهم قلبه لي وحدّثني عن كلّ شيء، فأثنيت على ثقته بي، إلا أنّني بقيت مشغول البال على أبي، وقلت له: انتبه إلى صحّتك يا والدي. ولم يعجبه أن أصبح ناصحًا له بعد أن كان ناصحًا لي. قالت أمّي: الأفضل أن تترك والدك يتصرّف مثلما يريد.

– أنا أرغب في إراحته.

– أعرف قصدك يا بني، وأعرف طبع والدك، هو لا يحبّ أن يوجّه أحد إليه النصائح كأنّه طفل صغير.

– أنا لم أتعامل معه على أنه طفل، رغم أنّه مع التقدّم في السن أصبحت له في بعض الأحيان تصرّفات طفل.

– اسكت يا ولدي، بلاش أبوك يسمعك.

وأنا قلت له: يا أبي لا تؤاخذني إن أخطأت، وهو قال لي: أنا لا أزعل منك يا ولدي يا محمّد.

شكرته وجلسنا نتسامر في مضافته، وأمّي غادرتنا وهي تردّد جملتها المألوفة: أنا ذاهبة إلى الفراش لأريح هالعظْمات.

في ظلّ هذه التقلّبات، تزوّجت عمّتي معزوزة بعد أن طال انتظارها، ولم يأتها خطّاب في أعقاب انتهاء فترة حدادها على حبيبها حرّان بن حفيظة. تنفّست أمّي الصعداء لأنّها كانت تعطف على معزوزة وتتمنّى أن يأتيها ابن حلال. جاءها ابن الحلال مع فوج الجنود الأردنيّين الذين دافعوا عن القدس القديمة عام 1948. أصيب الجندي صايل بجرح في الكتف. تمّ إسعافه في مستشفى ميداني، ولم يبرأ جرحه إلا بعد وقت. تعرّف إليه أثناء القتال أخي يوسف. جاء به إلى بيتنا في راس النبع ليقضي فترة نقاهة، تعرّف خلالها إلى عمّتي معزوزة. أحبّها وأحبّته، وهي أكبر منه باثنتي عشرة سنة. كانت في الثانية والأربعين. إلا أنّه شغف بها. روت مثيلة، زوجة أبي،

أنّ معزوزة كانت تقدّم له طعام الفطور بنفسها. قالت إنّها سمعت هديلها منطلقًا من داخل الغرفة، الهديل الذي كان يفصح عن شهوتها وظلّ ملازمًا لها، ثم رأتها بالقرب من صايل وهي تغسل جرحه بالماء والصابون، وتضمّده بشاش أبيض نظيف.

خطبها صايل من والدي منّان. وقال إنّه لن يفرّط فيها، وستعيش معه مثل ملكة. قال مخاطبًا أبي: أحطّ معزوزة في عيني يا عمّي. تمّ العرس من دون زغاريد وغناء، لأنّ فلسطين كانت تسقط في أيدي الأعداء. تزوّجها صايل وأقام في راس النبع بضعة أسابيع. قالت مثيلة، ونقلت عنها الكلام نساء العائلة الأخريات: رائحة الزوج أعادت لمعزوزة الروح، وقالت: بدنها تفتّح، وخدّاها تورّدا، وبدت أصغر من عمرها.

غادر صايل راس النبع ومعه عمّتي معزوزة إلى مأدبا التي أقامت فيها سنوات، على مقربة من ضرّتها، زوجة صايل الأولى. وكم كنّا نفرح ونحن نزورها في بيتها هناك، ونسمعها وهي تتكلّم باللهجة التي تتميّز بها نساء مأدبا الأردنيّات!

ولم يكن أخي محمّد الكبير تعرّض لعسف الحكومات بعد. كنت أرى فيه شخصًا مثيرًا للفضول. أتحمّس له ولأفكاره حينًا وأتوخّى الحذر منه حينًا آخر. ظلّ يعمل في حديقة القبر المقدّس ومعه مريم التي أصبحت زوجته. وكانت المدينة بمسلميها ومسيحيّيها تنهض من عثرتها وتستعيد قدرتها على التحدّي والبقاء.

عاش أخي مع زوجته في بيت استأجراه خارج سور المدينة. قيل إنّه سافر معها إلى اليونان، وهناك تزوّجا في الكنيسة الأرثوذكسية بعيدًا من الطقوس المتّبعة هنا في القدس، وقيل إنّهما أبرما عقد زواجهما في كنيسة البشارة للروم الأرثوذكس الكائنة في مدينة الناصرة. وثمة من قال إنّ أحد قادة الحزب الشيوعي أبرم لهما بخطّ

يده عقدًا موقّعًا منه ومن اثنين من الشهود، وبذلك تمّ الزواج. لم يطلب أحد، في حدود ما أعلم، توضيحًا من أخي عن تفاصيل ما حدث، وهو لم يقدّم توضيحًا لأحد، كان يقول باختصار: المهمّ أنّنا، أنا ومريم، توافقنا على الزواج.

ولم يغضب أبي من زواجه بمريم، بل إنّه دعا لها بالخير والبركة لأنّها قبلت به زوجًا لها، وهو الذي كان متهتّكًا لا يستقرّ على حال.

وكانت أمّي تعطف عليه، وتتعجّب من شاربيه الكثّين اللذين أطلقهما بعد رحلة قام بها هو ومريم إلى روسيا. عرفت أمّي أنّ زعيم تلك البلاد اسمه ستالين، وله شاربان كثّان، صار المتحمّسون للاتحاد السوفياتي يطلقون شواربهم تشبّهًا بشاربيه.

ولم يكن شاربا أخي هما المشكلة، مثلما لم يكن أخي وزوجته هما المشكلة. وما دمت مكلّفًا بجمع شتات العائلة، فلا بدّ من الاعتراف بالهمّ الذي اعترى أبي وأعمامي وبقيّة أبناء العائلة والعشيرة جرّاء ما فعلته فلحة. عادت فلحة، وهي أختي من أبي، بعد غياب. شاهدتها حين جاءت إلى راس النبع مع أخي فليحان. لم تعرفني لأنّي لم أكن ولدت عندما هربت من بيتنا في البرّيّة مع حبيبها نعمان. قال فليحان: أنا أغفر لها الزلّة، وأضع اللوم على أبي في ذلك الزمان. وقال: جاءه بائع الحلاوة ليخطبها ويتزوّجها على سنّة الله وسنّة رسوله، لكنّه لم يستجب لطلبه.

أخبرتني أمّي وضحا أنّها قالت لأبي آنذاك: يا منّان، ما دامت فلحة تقبل أن تكون زوجة له، فلماذا ترفضه؟ قال لي: يا وضحا، أنت لا تعرفين في هذه الأمور، والأحسن لك أن تسكتي. قالت إنّها سكتت. وقالت إنّها لم تعد مقتنعة بأنّ شخصًا من الإنس هو الذي جاء لطلب يد فلحة للزواج، بل هو جنّي ظلّ يأتيها على هيئة إنسان ثم أغواها بالذهاب معه إلى مكان ما.

قال أخي فليحان: أمّي مثيلة كانت راغبة في تزويج فلحة ببائع الحلاوة، لكنّها ذهبت إلى الحج والمشكلة ظلّت بلا حل، والحلّ جاء من أختي. لمّا تنكّر أبي لرغبتها هربت مع حبيبها. وقال: فلحة أوقعت أبي في مشكلة مع أنّه هو الذي خلق المشكلة، وأنا جئت بها إلى راس النبع لأنّني أرغب في تجديد ما انقطع بيننا وبينها. أقامت في بيتنا بضع ساعات، ثم عادت مع أخي فليحان إلى المخيّم الذي تقيم فيه مع زوجها نعمان. وكان على أمّي أن تعيد النظر في ما اعتقدته في وقت سابق.

وقال فليحان مستذكرًا ما جرى: كنت أشوف امرأة وجهها لا يخفى عليّ. أقول هذي تشبه أختي فلحة. لكن أختي ماتت من زمان. ذبحها عمّ والدي بعد أن عثر عليها في إحدى القرى. وصرت أراقبها. بعدين كنت أنساها. كانت دائمًا ترمي نظرها نحو الأرض. وفي إحدى الليالي، حلمت أنّي قابلتها. سألتها: أنت أختي فلحة؟ قالت: نعم. قلت: أنا أعرف أنّ عبد الجبار ذبحك بالشبرية.

وقبل أن تردّ علي، استفقت من النوم، وقلت: عليّ أن أسأل تلك المرأة من تكون؟

أخذتُ الأغنام إلى المرعى وانتظرت حتّى جاءت نساء المخيّم وبناته. دقّقت النظر في أوّل فوج ولم تكن معهن. دقّقت النظر في الفوج الثاني وشفتها. اقتربت منها، ولَمّا شافتني نظرت في وجهي وأنا نظرت في وجهها، هي عرفتني وأنا عرفتها. صحت بصوت ملهوف: فلحة! صاحت بصوت ملتاع: فليحان! باستني على خدّي وبستها على الجبين. قالت لي: كنت أشوفك ترعى الأغنام، ولا أنتبه لك ولا أنظر في وجهك. لكن لَمّا اقتربت منّي، عرفتك.

وأنا لَمّا كنت أشوفها تغطّي رأسها بمنديل وتلبس الثوب وتحته سروال طويل، ما كان يخطر ببالي أن تكون هذي هي أختي فلحة.

قالت: كنت أقيم مع زوجي نعمان في قريته: الوسميّة. وقالت: أنا ونعمان وأهله وأهل الوسميّة هاجرنا منها مجبرين بسبب الطخّ والذبح والعدوان.

* * *

قال أخي فليحان:

صارت تميل إليّ بالتدريج، قالت إنّها مخطوبة لابن عمّها وبعد أشهر يكون الزفاف. قلت لها إنّني أحبها، وأحبّ سراويلها الداخليّة الطويلة، ثم حرّضتها على تركه. قالت إنّها لا تحبّه ولا تكرهه. قلت لها إنّني على استعداد للزواج بها، وما عليها إلا أن تعلن رفضها له. قالت إنّها تقارن بيني وبينه فتجدني أقرب إلى قلبها منه. أعلنت أنّها تقبل بي زوجًا لها. يومها كنّا وحدنا في الخلاء. طوّقتها بذراعيّ، أبدت مقاومة واهنة، ولم أرتدع، مدّدتها على العشب، نزعت سروالها عن جسدها، وقشعت ثوبها إلى أعلى وبان البياض، وغبت عن الدنيا وغامت عيناي، ثم فتحتهما، وكم كان العشب من حولنا أخضر!

بعدها، خافت واعتقدت أنّني لن أفي بوعدي، ولن أتزوّجها، إلا أنّني بقيت وفيًّا لها. وكان عليها أن تخطو الخطوة الأولى. قالت: ما عدت أذوق طعم النوم.

اتّفقت معها على رفض خطيبها علنًا. قالت: لمّا أعلنت رفضي غضب مني أبي وأمّي وأخوتي، وغضب خطيبي.

تشاورت معها حول الخطوة التالية، فاتّفقنا على أن تغادر البيت لتحلّ دخيلة في بيت الشيخ زعل، زعيم عشيرة المزاعلة. أطاعتني وغادرت المخيّم خلسة. قالت: بقيت أسابيع في بيت الشيخ. أرسل ثلاثة من أبناء عشيرته إلى أهلي، يخبرهم بأنّني معزّزة مكرّمة في بيته، محاطة بالأمن والأمان.

وقالت، كأنّها تحمّلني مسؤولية ما وقع لها، وتستعيد ما خبرناه معًا: أنكرني أبي، بعدين انصاع للأمر الواقع، لكنّه لم يوافق على عودتي إلى المخيّم. تركني أخطب وأتزوّج وأنا بعيدة من بيت أهلي، مع موافقته على أن تحضر أمّي وأختي خطبتي وزواجي.

فسخ ابن عمّها الخطوبة. وخطبها أبي لي من الشيخ زعل، وتزوّجتها بعد الخطوبة بأسابيع.

غنّت النساء في ليالي العرس، ورقصن كما لو أنهنّ ينفضن عن أجسادهنّ غبار أيّام طويلة من الترهّل والرتابة، ومن الحزن والمعاناة. ولم يتردّد كثير من رجال عشيرتنا، حتّى الكبار في السنّ منهم، عن الانضمام إلى السامر، فيما تحمّس الشباب للدبكة على أنغام الشبّابة حينًا وأنغام الناي حينًا آخر.

وكنت مسرورًا لأنّني سأتزوّج رسميّة التي تتفوّق على زوجتي الأولى في الجمال. استرضيت شيخة بكلام عذب وبملابس جديدة. وظللت أدبك في ليالي عرسي وأعزف على الشبّابة وأغنّي ببهجة واندفاع.

في ليلة الزفاف، اختليت بعروسي وقلت لنفسي: سأرى جسدها وأتمعّن بالحلال في تفاصيله الفتيّة. سأتعرّف إلى آثار الجرح الذي أحدثتُه برضاها، أو على الأصحّ بقليل من التمنّع، وفي لحظة انفعال جعلَتها غير قادرة على التحكّم بجسدها، مع أنّها لامت نفسها في ما بعد، وشعرت بالندم كما قالت لي.

اقتربت منها، نظرت نحوي ولم تقل شيئًا. حاولت احتضانها، فلم تستجب لي. قالت إنّها متعبة، وعليّ أن أمنحها استراحة مدّة ليلة أو ليلتين. ولم تترك لي فرصة للردّ عليها أو لاستئناف الكلام لعلّها تستجيب لرغبتي. لاحظتُ أنّني أمام امرأة مختلفة. أخرجتْ من صندوق ملابسها سكّينًا، حزّت ذراعها بخفّة وسال منها الدم،

تلقّته بمنديل أبيض أخرجته من تحت كمّها، وظلّت تنزف حتّى انتشرت بقعة الدم على المنديل. طلبت منّي أن أخرج به إلى النساء المنتظرات.

اندلعت الزغاريد، وبكت رسميّة ثمّ جفّفت دموعها، قبل أن تدخل عليها أمّها، وأمّي، ونسوة أخريات، للتهنئة بهذا الفعل الحلال، الذي تمّ من غير إبطاء.

حاولت الاقتراب من فراشها في الليلتين الثانية والثالثة فلم أظفر إلا بالصدّ والحرمان. قلت: يجوز أنّ العادة الشهرية جاءتها، وهي تخجل من مصارحتي بذلك. وقلت: يجوز أنّها تشعر بالإثم بسبب ما وقع بيني وبينها، وبسبب أنّني عرّضتها لقطيعة مع أهلها، وهي الآن تعاني من حالة نفسيّة قاسية. قلت لها: أتفهّم ما تعانينه من ألم، ولن يلبث هذا كلّه أن يزول وتعود الأمور بينك وبين أهلك كما كانت من قبل.

لم يصفح عنها أبوها ولا أخوتها ولا أبناء عائلتها. قالت إنّها بكت طوال الليلة الأخيرة لها في بيت الشيخ زعل وهي تدرك أنّها لن تنتقل إلى بيت الزوجيّة من بيت أبيها، وإنّما من بيت رجل أخذ ضمانات من أهلها بألا يتعرّضوا لها بأيّ أذى. قالت: كرهت نفسي لأنّني جلبت لأهلي هذا الهمّ الجديد، كأنّ الهموم اللي تلبّستهم من يوم أن هُجّروا من البلاد لا تكفي!

وقالت إنّها عندما تتذكّر ما وقع بيني وبينها عند سفح الجبل يغشى السواد عينيها، وتنتابها مشاعر شرّيرة لا تدري كيف تشكّلت في داخلها، وكيف يمكنها التخلّص منها لتعود حياتها إلى مسارها الصحيح!

بقيتُ أتودّد إليها، ألاطفها وأُسمعها أحلى كلام، وهي لا تتجاوب معي ولا تستجيب لي. ورغم أنّني معروف بخشونة طباعي، إلا أنّني صبرت واحتملت صدّها لي، إلى أن بدأت تخرج من الحالة التي سيطرت عليها.

راحت تتهيّأ للاغتسال في الليلة السابعة. رأيتها في الضوء الشحيح وأنا مضطجع في الفراش. وضعَت اللقن المعدني الدائري في ركن الغرفة، وبالقرب من اللقن صفيحة مملوءة بالماء الساخن، ليفة، قطعة صابون وطاسة لغَرْفِ الماء.

خلعت ملابسها وبدا جسدها في الركن المعتم قليلاً، وهي واقفة وسط اللقن، مثل عمود من نور. انحنت وغرفت بالطاسة ماء وبلّلت شعرها ثم غسلت الشعر بالصابون. فكّرتُ بالنهوض من فراشي لأصبّ على جسدها الماء، لكنّني خشيت أن تصدّني، فآثرت أن أترك المشهد إلى أن يكتمل على النحو الذي تبتغيه. انسدل شعرها على كتفيها وعلى صدرها، صدّت الشعر وأزاحته جانبًا لكي تغسل الصدر والكتفين. غسلت البطن والظهر والردفين والوركين والساقين، وجعلت رغوة الصابون تتكاثف عند منحدرات الجسد.

تشطّفت بالماء وزال أثر الصابون. وانعقد الشعر فوق الرأس. هممت مرّة أخرى بالنهوض من الفراش لكي أنشّف جسدها بمنشفة زرقاء كانت على مقربة منّي، ثمّ آثرت الانتظار كي لا أفسد اكتمال المشهد الذي يغريني ببعض التوقّعات.

قالت: ناولني المنشفة. وثبت من فراشي وقبضت على المنشفة، ورحت أنشّف جسدها برفق وانبهار. طوّقتني بذراعيها وأنا منهمك في تنشيف الجسد. حملتها بين ذراعيّ نحو الفراش. سألتني: تحبّني؟ سألتها وأنا ألهث من شدّة الانفعال: عندكِ شكّ؟

لم تجبني، وعندما قبّلت أنفي وجبيني عرفتُ الجواب.

وكنت طلبتُ منها لَمّا ذهبت مع أمّها إلى السوق لشراء ملابس للعرس، أن تتوقّف عن ارتداء السراويل الداخليّة الطويلة، وأن تستعيض عنها بسراويل قصيرة، هي الموضة السائدة في راس النبع. تردّدت وقالت إنّها معتادة على هذا النوع من السراويل. قالت إنّها

حاولت من قبل أن ترتدي سروالاً قصيرًا، فأحسّت كما لو أنّها عارية لا يستر جسدها شيء. وقالت إنّ أمّها قد تعترض على ذلك، وتعتبر هذا الأمر تفلّتًا وسوء خلق.

اقترحت عليها أن تشتري دزينة من السراويل القصيرة، لترتديها تحت السراويل الطويلة. ابتسمت ووجدت الأمر مسلّيًا. قالت إنّها ستفعل ذلك. سلّمتها ما يكفي من النقود. ذهبت هي وأمّها وأختها إلى السوق، وأمضين نهارًا كاملاً في القدس وهنّ يتسوّقن.

مرّت أشهر على زواجنا قبل أن تقتنع رسميّة بالتخلّص نهائيًا من سراويلها الداخليّة الطويلة. كانت كلّما مشت بين بيوت العشيرة في راس النبع، أو كلما مرّت من أمام حانوت يحتشد عند مدخله الرجال شعرت بالخجل، كما لو أنّ أحدهم يسألها: كيف تخرجين من بيتك من دون سروال؟ اشتكت لي من حالها هذا. قلت لها: مع الوقت تتعوّدين، مثلك مثل بقيّة نساء العشيرة.

قالت وهي تلقي باللوم على نفسها: يقطعني، أي هو أنا بدّي أعمل من هالموضوع قصّة أبو زيد الهلالي؟

ضحكتُ وقلت لها: نعم، قولي هذا من زمان.

ضحكتْ وحاولت أن تمازحني، لتثبت لي أنّها تخلّصت من الخجل. رفعت ثوبها إلى أعلى حتّى بان بياض الساقين.

وضحا زوجة أبي لم يعجبها ما فعلته، لم يعجبها أن أستولي على خطيبة شخص آخر، كما لو أنّني أستضعفه أو أستهين به. كانت تعيّرني في بعض الأحيان بأنّني أخلط الحليب بالماء، فلا أكترث لها. لكنّني كنت أشعر بالأسف وأنا أرى كيف ألحقتُ الأذى، من دون أن أقصد، بأناس طيّبين فقدوا أرضهم وبيوتهم وشرّدوا منها. وازداد أسفي وأنا ألاحظ كيف أنّ الرغبة في الستر وعدم اللجوء إلى تصرّفات قد تضاعف الأحزان، ألهمت والد رسميّة أن يتصرّف باتّزان.

قالت رسميّة: أنا لن أسبّب لك أيّ إزعاج يا فليحان.

تأكدتُ من ذلك بعد زواجي بها، وقلت لها: وجهك عليّ خير وبركة يا رسميّة. فقد انفتح لي باب الرزق، وتوثّقت علاقتي بالشيخ زعل بعد أن حلّت رسميّة دخيلة في بيته. كنت ألتقيه هو ورجاله الذين يجيئون لبيع الخراف والجديان في سوق الحلال الواقع قرب سور القدس.

تعارفنا أوّل مرّة في السوق، وبعد أن بعنا ما لدينا من أغنام، دعوتهم للجلوس في مقهى منى الواقع في أوّل طريق الواد. ذهبنا إلى هناك وشربنا القهوة. كانوا أربعة رجال. قال كبيرهم، وهو شيخ العشيرة، إنّه يعرفني من قبل، ويعرف أنّني ابن عشيرة لها مكانتها بين العشائر، وهو يسمع كلّ خير عن أبي منّان شيخ عشيرة العبد اللات، شكرته على كلامه وواصلت الإصغاء إليه. قال إنّه راغب في التعرّف إليّ وإلى أبناء عشيرتي، وهو يدعوني إلى تناول طعام الغداء في بيته، رحّب بي وبمن أصطحبهم معي من أقاربي.

بعد أن اعتذر أبي عن عدم تلبية الدعوة لاعتبارات خاصّة به، توجّهت إلى مضارب المزاعلة الكائنة على الطريق بين القدس وأريحا، ومعي ثلاثة من أقرب المقرّبين إليّ. جلسنا في بيت مشرّع الأردان تهبّ علينا نسائم عذبة، وكان الشيخ زعل يرحّب بنا كلّ دقيقتين أو ثلاث، ثمّ يأمر أحد الشباب بتقديم القهوة المرّة إلينا. وكنّا نلاحظ كيف أنّ أبناء عشيرة الشيخ مستعدّون لتلقّف أيّة إشارة منه ليحوّلوها إلى فعل من أفعال الكرم.

سررت لحسن الضيافة التي لقيناها من الشيخ وأبناء عشيرته، وقمت بتوجيه الدعوة له ولمن يرغب في اصطحابهم معه من أقاربه، لتناول طعام الغداء في بيتنا في راس النبع. لبّى الشيخ الدعوة وجاء ومعه خمسة من أبناء عشيرته. استقبلناهم أنا ووالدي منّان وعدد

من أبناء عشيرة العبد اللات، وقمنا بذبح الذبائح وبتقديم المناسف للضيوف.

بعد أسبوعين من زواجي برسميّة، التقينا في مقهى منى، وأدركت أنّ لدى الشيخ كلامًا. قال لي إنّ لديه هو وبعض أفراد عشيرته تجارة يكسبون منها أموالاً، ويرغبون في تعاوني معهم إنْ كنت راغبًا في جني المال. قلت بمجرّد سماعي هذا الكلام: أنا معكم على طول. قال الشيخ: وعندك استعداد لتحمّل المخاطر؟ قلت: أنا أخوك اللي ما يخذلك. قال: الشغلة يمكن يكون فيها قتل، يمكن يكون فيها حبس، الحكومات لا ترحم في هذا الشأن. قلت: أنا أخوك اللي ما يهاب الموت. ووجّهت له السؤال: ما تركن علي؟ قال وهو يمسّد شاربيه: والله أركن.

تصافحنا وتعاهدنا على الوفاء. وطلب منّي اصطفاء مجموعة من رجال عشيرتي لحماية البضاعة من غارات العشائر الأخرى عندما تمرّ القافلة من أراضيها، ولتأمين وصولها إلى الحدود الجنوبيّة. أبلغته استعدادي التامّ للقيام بالمهمّة، وجعلته يزداد حماسة لَمّا أخبرته أنّ بإمكاني تأمين شحنات من البضاعة إلى دولة العدوّ التي نشأت حديثًا وصار لها حدود مع راس النبع، فأبدى الشيخ زعل رضاه عن هذا الفتح الجديد لباب آخر من أبواب الرزق.

اغتنيت من تجارة الحشيش، واشتريت لرسميّة ولشيخة ولأمّي مثيلة أساور وخواتم وقلائد من ذهب، واشتريت لأبي عباءات مقصّبة. ولَمّا انتبه إلى مصدر ثروتي نفر منها، لكنّه لم يتّخذ منّي موقفًا حازمًا. اكتفى بالامتناع عن تقبّل أيّة ملابس أو نقود منّي خوفًا من غضب الله. ولم يردعني موقفه عمّا كنت أفعله، وبقيت مصرًّا على جني المال.

صارت لي سطوة في العشيرة، وأصبح لي معارف كثيرون في القدس وفي مدن أخرى، علاوة على صداقات مميّزة مع مسؤولين في

عمّان، أغدقت عليهم الهدايا وأقمت لهم الولائم. ولم يتحقّق المال بسهولة. خضت أنا ورجالي معارك عدّة في الليالي الحالكات مع قطّاع الطرق والطامعين من رجال القبائل، الذين كانوا يعترضون سبيلنا، ونحن نمضي لتسليم البضاعة إلى وكلائنا في الصحراء.

كنّا نقدّم أموالاً لبعض شيوخ القبائل فلا يعترضون سبيلنا، وكنّا نصطدم بآخرين لم يكتفوا بأقلّ من الاستيلاء على ما لدينا من بضاعة، فنشرع بنادقنا ونطلق عليهم النار ويطلقون علينا النار، نصاب بخسائر ويصابون بخسائر، ثمّ تعود الأمور إلى وضعها الطبيعي.

وفي بعض الأحيان، كنّا نرسل كميّة من البضاعة إلى دولة العدو. على مسافة من خطّ الحدود، تقع نقطة حراسة يرابط فيها الجنود. ذات مرّة، رآني أحدهم وأنا أرعى الأغنام في المنطقة الحرام. أغراني العشب الوفير بالتوغّل فيها من دون حساب للعواقب، فتركت أغنامي تدخلها لترعى. ناداني بالعربيّة المطعّمة بلهجة عراقيّة وطلب منّي أن أقترب. اقتربت. طلب منّي أن أبيعه خروفًا. دفع لي الثمن بالدولارات. وصرت أبيعه بين الحين والآخر خرافًا، واتّفقنا على إشارة معيّنة عندما يحين موعد نوبته في الحراسة.

صرت أبيعه السكّر والشاي والأرزّ والسجاير والأقمشة. وفي ما بعد صرت أبيعه قطعًا من الحشيش. ولم يستمرّ هذا الحال طويلاً، إذ وقعت في خطأ غير محسوب وأنا أظنّ أنّ اليهوديّ القادم من العراق موجود في نقطة الحراسة، فاكتشفت أنّني أخطأت التوقيت، أطلق أحد الجنود عليّ النار، وكدت أفقد حياتي، فلم أعد إلى الاقتراب من منطقة الحدود.

غير أنّ تجارتنا استمرّت عبر الصحراء، وصارت الأموال تتكدّس في جيوبي، أنفق منها ما أشاء مثلما أشاء، وأقيم الولائم التي تتحدّث

عنها عشائر راس النبع وغيرها من العشائر، وكذلك أهل القدس والقرى المحيطة بها.

ذات مرّة، سنة 1953، دعوت الجنرال جلوب باشا الملقّب «أبو حنيك»، لتناول طعام الغداء في بيتي في راس النبع. وقف أبناء العشيرة معي وقفة مشرّفة. ذبحوا الذبائح، وأشعلوا النيران، وقامت نسوة العشيرة بمرْس اللبن الجميد الذي لا تطيب لحوم الضأن إلا به. امتلأت القدور باللبن وباللحم المقطّع قطعًا متوسّطة الحجم، وارتفعت أعلام المملكة على سطح بيتي وعلى سور البيت. شعر أبي بالاعتزاز بي، رغم معرفته بمصدر أموالي. وقد فوجئ بأنّني على هذا القدر من الأهمّيّة بحيث أدعو قائد الجيش الأردني لتناول طعام الغداء في بيتي.

كنت أتمشّى بخيلاء في الساحة التي اصطفّ فيها عشرات الرجال من وجهاء العشائر ومن أبناء عشيرتي انتظارًا لوصول القائد ومرافقيه. بعد انتظار طويل، جاء في موكب من السيّارات العسكريّة. هبط من إحداها وهو محاط بالحرّاس المدجّجين بالسلاح. زغردت نساء العشيرة وغنّين ترحيبًا بالضيف الكبير. وكنت أوّل المبادرين إلى السلام عليه. أخذته بالأحضان وقبّلت وجنتيه، ولم أنفر من حنكه المخسوف الذي شوّهته رصاصة في زمن مضى. سلّم عليه أبي منّان، ولم يلثم خدّيه لسبب ما.

سلّم القائد على عدد آخر من وجهاء العشائر مبديًا تواضعًا حار الناس في تفسيره. خلع نعليه وجلس على الفراش وشرب القهوة المرّة مرّة وثانية وثالثة ثم هزّ الفنجان دلالة على الاكتفاء. تناول طعام المنسف مثلما نتناوله نحن أبناء العشائر، أي باليد مباشرة، وعلى شكل كرات مجبولة بالرز وقطع خبز الشراك. قال أبي محاولاً تفسير هذا التواضع، وهذا التمثّل الدقيق لعاداتنا: هذي سياسة الانكليز،

يظهرون مرونة لا مثيل لها. وقال عمّي عبّاس مصادقًا على كلام أبي:
أكيد، يتظاهر بأنّه واحد منّا، وبأنّه مثلنا في كلّ شيء، ثم نكتشف
أنّه يحفر لنا حفرة لا يعلم مداها إلا الله. وأضاف: لو كنت يا بن أخي
استشرتني لما نصحتك بدعوة هذا الرجل إلى بيتك.

امتعضت من كلام عمّي عبّاس. عمّي الذي أغلق حانوته في
المدينة قبل موعد الغداء، وجاء احترامًا لي، يتوهّم أنّنا ما زلنا نعيش
في البرّيّة مع أنّه أصبح من سكّان المدينة. كان عليه أن يكون الأكثر
تفهّمًا لما أقوم به من أفعال. لكنّ لعمّي عبّاس، تمامًا مثل أبي منّان،
اعتباراته الخاصّة. يحضر الدعوة إلى الغداء ويسلّم على جلوب باشا، ثمّ
يتباهى في اليوم التالي أمام جيرانه التجّار، بأنّ «ابو حنيك» كان في
ضيافة عشيرة العبد اللات. يفتح التجّار أشداقهم انبهارًا بالمفاجأة،
يقطع عمّي الطريق على كلّ من يفكّر منهم بالقول: هذا يعمل لخدمة
بلده بريطانيا التي استعمرتنا، ويقول ما قاله لي بعد الوليمة. تخيّلت
هذا المشهد ثم قلت له وأنا بادي الانفعال: يا عمّي، وفّر على نفسك
النصيحة، وأريدك أن تعرف أنّ الزمان ما عاد مثلما كان.

أعرف أنّ عمّي أخذ على خاطره وزعل مني، وأنّ كلامي لم
يعجبه، وأنّه سكت على مضض. وأعرف أنّ أبي امتعض من كلامي
على اعتبار أنّني لم أقصد عمّي عبّاس وحده. عثمان زوج عمّتي
هيفاء، الذي نمَت تجارته وازدادت ثروته، شدّ على يدي مصافحًا
واعتبر أنّني أقوم بمبادرات سيكون لها تأثيرها على مستقبل
العشيرة.

وبغضّ النظر عن بعض المنغّصات، كان يوم «أبو حنيك»
واحدًا من أيّام التاريخ غير المدوّن للعشيرة، وستذكره العشيرة في
ليالي السمر، كلّما خطر ببال أحد من أبنائها تذكّر ما قمت به من
أفعال ومبادرات.

وكنت تصالحت مع والد رسميّة بعد سنة من زواجي بها. وعرفت أنّه أبعد ما يكون عن اللؤم وضيق الأفق الذي يسم بعض القرويّين. لكنّه، عندما وقع ما وقع خاف على ابنته من المتزمّتين في عائلته. وتوقّع أنّه لن يكون قادرًا على حمايتها والدفاع عنها، لذلك آثر أن يبقيها في بيت الشيخ زعل، وكان مضطرًّا إلى الامتناع عن حضور عرسها كي لا يتعرّض لغضب الغاضبين.

لَمّا دخل عبد الفتاح بيتي احتضن رسميّة وقبّلها على الخدّين والجبين، وهي احتضنته وقبّلته. احتضنها أخوتها، وانفتحت صفحة جديدة في العلاقة بيننا. ولم أكن أعرف أنّ ابن عمّ رسميّة لم يصفح عنّي، وهو لم يأت إلى بيتي مع المدعوّين، ولم أقم بدعوته. أوْلمت لوالد زوجتي ولأبنائه ولزوجته وبناته، واستقبلهم أبي وأبناء عائلتي بالترحاب والتقدير.

عرفت أثناء ذلك أنّ والد زوجتي محبٌّ لسرد الحكايات. استمعنا منه عن معاناة الناس عام ثمانية وأربعين، وعن المذابح التي ارتكبتها العصابات الصهيونيّة لإجبارهم على ترك مدنهم وقراهم والهجرة من البلاد.

وعرفت أنّه مهتمٌّ بالزراعة وأنّه خبير بتقليم الأشجار وتركيب أنواع منها على أنواع أخرى. وكان له فضل كبير على راس النبع وهو يواظب على المجيء إليها كلّما أسعفه الوقت، يقلّم الأشجار المثمرة ويزرع أنواعًا جديدة منها لم نكن نعرفها، ويركّب فسائل أشجار مثمرة على أشجار بريّة غير مثمرة، وأثناء عمله هذا لا يكفّ عن تذكّر أرضه التي طرد منها، وأشجاره التي كانت قريبة من قلبه، هناك.

وكم كانت رسميّة مبتهجة بعد مجيء والدها إلى بيتنا في راس النبع! قالت إنّها شعرت بأنّ حملاً ثقيلاً انزاح عن كتفيها، وبأنّ الأمور عادت إلى وضعها الصحيح. تلك الليلة، بقينا أنا ورسميّة نتبادل

الحديث ونحن مضطجعان في السرير، ذراعي تحت رأسها ويدها على صدري. كانت تشعر كما لو أنّ تلك الليلة هي ليلة عرسنا الأولى. بدت غير قادرة على النوم من شدّة الفرح.

نمنا قبل الفجر بقليل، وبقيت نائمًا حتّى الضحى، وهي ظلّت نائمة حتّى الظهيرة. انهمكتُ في تأمّل وجهها الصبوح وشعرها المتناثر على المخدّة، ولم أشأ أن أوقظها. كانت تنام ملء جفنيها، وكنت مسرورًا لمجرّد أنها تنام هذا النوم العميق الذي افتقدته في ليالٍ مرّت وانقضت.

عندما فتحتْ عينيها فوجئت بي وأنا أنظر إليها مثل متعبّد خاشع. ابتسمتْ، ورحتُ أقبّل خديها وشفتيها وأنفها وعينيها وشعرها. وهي طوّقت رقبتي بذراعيها.

صرت أبتهج وأنا أراها تتنقّل داخل الدار وفي الساحة بثقة، أقبّلها وأمضي إلى شؤوني، وأنا مرتاح.

وكنت ألتقي الشيخ زعل ونتقاسم الأموال التي يحضرها رجالنا بعد توصيل البضاعة إلى أطراف الصحراء. وفي مرّات عدّة، خاطرت بنفسي وشاركت في حراسة البضاعة وفي توصيلها إلى المكان المطلوب، ثمّ اقترح عليّ رجالي أن أوفّر على نفسي عواقب المخاطرة. صرت أتابع العمل من مسافة ما، وأصدر تعليماتي للرجال بعد أن ألمّ بكل ما صادفوه في طريقهم، وما تعرّضوا له من عثرات. وفي الأثناء، ازداد ولاء رجالي لي، وصاروا ينادونني: الشيخ فليحان، جرّاء إعجابهم بي. وقد أعجبني اللقب. كرّسته بارتداء العباءات المقصّبة فوق قنابيز مفصّلة من أفخر الأقمشة، وعلى رأسي كوفيّة بيضاء أو صفراء وعقال. واقتنيت فرسًا أصيلة ومسدّسًا وسيفًا وربابة، وكنت في بعض الأحيان، عندما تقتضي الضرورات، أرتدي البدلة والقميص وربطة

العنق، وأمشّط شعري بعد التخلّي مؤقّتًا عن الكوفيّة والعقال، وأركب سيّارتي فأبدو رجلاً عصريًّا بكلّ ما تعنيه الكلمة من معنى.

غير أنّني لم أكن أشعر بأيّ اطمئنان. كان قلبي دائم الانشغال على البضاعة وعلى الرجال. كنت أخشى أن تُنهب البضاعة رغم كلّ إجراءات الحماية، فأتعرّض للخسارة ولاحتمال الإفلاس. وكنت أخشى على الرجال من احتمالات القتل، وهم من خيرة أبناء العشيرة، فإنْ قُتل أحدهم سوف أكون المسؤول أمام أهله عن مقتله.

وأصبحت وضحا زوجة أبي تتطيّر منّي على نحو أشدّ مِمّا مضى. أعرف أنّها لا تحبّني ولا تحبّ أمّي مثيلة، مع أنّ نساء العائلة يكثرن من مدحها، وأنا أعتقد أنّهنّ مخدوعات بها. وضحا هذي مثل حيّة التبن، تقرص وتندسّ وتحسن الاختباء.

* * *

قالت أمّي:

ويا حسرة راسي قدّيش عانيت من مثيلة ومن ابنها فليحان! وقدّيش تعذّبت لما رحلنا من البرّيّة! هذا العذاب كان يغطي على عذابي من فليحان وأمّـه. كنت في بعض الليالي أقلق ولا أنام إلا بعد ساعتين من التقلّب في الفراش. أغلق باب الدار. أستلقي إلى جانب منّان. وفي الخارج صوت ما هو مليح. منّان يقول لي: هذا صوت الريح. وأنا أقول له: هذا صوت الأجداد اللي قتلوا في المعارك يا منّان، وهم يستيقظون في الليل من أجل طلب الثأر. يقول لي: نامي وتوكّلي على الله يا وضحا. وأنا أقول: النعم والجود بالله. أغالب الخوف وأنام.

وفي الصباح، أفتح شبابيك الدار وأنا أستعيذ بالله من الشيطان الرجيم وأذكر اسم الله سبع مرّات. أحمل سطل الماء وأرشّ العتبة

والساحة. ثمّ أحمل لقن العجين وأتّجه نحو السقيفة، وفيها الموقد والصاج اللي أخبز عليه خبز الشراك. أدخل السقيفة بالرجل اليمين وأنا أذكر اسم الله، لقناعتي بأنّ هذا المكان مسكون.

أشعل النار تحت الصاج، تدبّ النار في الحطب، وأدرك أنّ سكّان المكان ينفخون عليها لكي يطفئوها، وأنا أهفّ عليها بطرف ثوبي لكي تزداد اشتعالاً. أنا أعرف أنّ النار أنثى، وأنا لا أحبّها ولا أكرهها، لكنّني أظلّ في خشية منها لأنّها لا أمان لها، مع أنّها تعطينا الدفء وقضاء أمور لا يمكن تجاهلها. وأنا أخشى الساكنين في هذا المكان قريبًا من النار، أخشى من لمسة جنّي متمرّد، تفقدني عقلي، إلا أنّني أواصل تغذية النار بالحطب. أقتطع أوّل كتلة من العجين وأرقّقها بيديّ حتى تصبح مستديرة مثل وجه القمر، وأضعها على الصاج، وأظلّ على هذه الحالة حتّى أخبز العجين كلّه، وتكون عيني على الخبز كي لا يلتهمه الساكنون في المكان. وأنا على يقين من أنهّم لا يكفّون عن التشاور في ما بينهم حول أفضل الطرق لمنعي من المجيء إلى مكانهم. لكنّني مضطرّة إلى المجيء كلّ صباح.

وأنا متأكّدة، والعلم عند الله، من أنّهم تسبّبوا في موت بنتي عزيزة! كانت هالبنت ما أحلاها! شعرها طويل وعيناها كلّ عين مثل فتحة الفنجان. وكان عليها طول مثل طول والدها منّان، ولدتها بعد محمّد الأصغر بأربع سنين. ولَمّا صار عمرها عشر سنين، شكت لي من راسها. قالت: راسي يا أمّي فيه وجع.

صرت أبخّرها، واقول شو اللي جرى لعزيزة؟ قلت يمكن أصابتها عين، يمكن شافتها إحدى الحسودات وهي راجعة من المدرسة. سألتها: يا بنتي شافتك أيّ امرأة وانت ماشية في الطريق؟ قالت إنّها ما شافت أيّ امرأة. أنذرت إنّي أذبح خروفين لوجه الله تعالى، وأغزّ سبع رايات بيضاء على سطح الدار، إنْ شفيت عزيزة. ذكرت لي مهيرة

اسم فتّاح مقيم في عناتا، اللي جنب القدس، ذهبت إلى الفتّاح، كتب لعزيزة حجاب.

بعدين، فطنت للمرايا اللي في الدار. وعرفت أنّ عزيزة نظرت في المرآة اللي في غرفة نومي أنا ومنّان. أنا أعرف أنّ المرآة أنثى ولهذا السبب لا تسلم من شرّ الجن. كان الوقت بعد الغروب، وعزيزة دخلت الغرفة لتحضر لي سجّادة الصلاة. دخلت يا ويلي عليها وقالت لي إنّها نظرت في المرآة، وأكيد اللي ساكنين في المرآة (اسم الله حولنا وحوالينا) لمسوها وضربوا راسها. وقلت: الله يساعدني ويكون في عوني. وقلت: مثيلة رايحة تشمت فيّ، وابنها فليحان أكيد شمتان.

* * *

بقيت غير قادر على تجسير العلاقة بين أخي فليحان وأمّي وضحا. حاولت مرارًا، ولم أنجح. إلا أنّني لن أكفّ عن المحاولة.

ولم تكن أيّامنا كلّها على الوتيرة نفسها. مرّت أيّام مريرة، وأخرى كان لنا فيها أمل وتطلّعات. حين بلغت السادسة عشرة، كانت أمّي ترمقني بإعجاب وتثني على طول قامتي الموروث من قامة أبي منّان. كانت تقول: أنت جمل العيلة وحامي حماها. وكنت على قناعة بأنّ هذا الكلام كثير على فتى في مقتبل العمر. لكنّ للأمّ، كما يبدو، عذرها لو نطقت بكلام قد يكون من المبكّر النطق به، وإرساله جهارًا بكلّ هذا الاستسهال.

آنذاك، حلّ موعد انتخابات 1956 في عموم البلاد. احتدم الجدل السياسي في البيوت وفي المقاهي وفي النوادي وفي كلّ مكان. فكّر أخي فليحان بأن يرشّح نفسه للبرلمان، ثم انصاع لنصيحة أبي بصرف النظر عمّا يفكّر فيه، بسبب احتدام المنافسة التي تجعل حظوظه في النجاح لا تذكر بأيّ حال.

التحق والدي بالحزب الوطني الاشتراكي. قال إنّه التقى زعيم الحزب في عمّان، وأعجب بما في كلامه من رصانة واتّزان. وقال إنّ علاقة صداقة تربطه بمرشّح الحزب في القدس، وهو محامٍ معروف، وقد سبق له أن لبّى لأبي عددًا من مطالبه حين قصده في مكتبه.

جمع أبي أبناء العشيرة في مضافته، وراح يحثّهم على الإدلاء بأصواتهم في الانتخابات لصالح صديقه المحامي. فوجئ بأنّ عشيرة العبد اللات التي كانت رهن إشارته، لم تعد هي العشيرة نفسها. بعض أبنائها قالوا: نحن مع البعثيّين. وراحوا يروّجون لشعارهم الذي كانوا يشهرونه في وجه الشيوعيّين: «لا شرقيّة ولا غربيّة». آخرون قالوا: نحن مع مرشّح الحزب الشيوعي، المنافس على المقعد المسيحي، الطبيب الأردني القادم من الكرك لخدمة المرضى في القدس. أخي محمّد الكبير قال: أنا مع الدكتور لأنّه مرشّح الفقراء، وهو ضدّ الظلم والاستغلال. وراح أنصاره يـردّدون الشعار الذي لطالما رفعوه في التظاهرات: «مطالبنا شعبيّة، خبز وسلم وحرّيّة». وأكثروا من التذكير بالنصر الذي أحرزه الاتحاد السوفياتي على النازيّة. أحد أبناء عمومتي قال: أنا مع مرشّح حزب التحرير. وقال إنّ أشرارًا لا يحترمون الرأي الآخر، أساءوا لهذا الشيخ التقي، بالتعرّض لدعايته الانتخابيّة المكتوبة بالحبر الأحمر على الحيطان، وتشويه اسمه بحيث لم يعد مقروءًا على نحو صحيح. وقال: لا حلّ لمعضلات هذه الأمّة إلا باستعادة الخلافة الإسلاميّة.

قال أخي فليحان: أنا مع مرشّح القرويّين، وهو من الموالين مثلي للنظام الملكي، ومِمّن قاتلوا دفاعًا عن فلسطين. أخي محمّد الصغير قال: هذه الانتخابات بدعة غربيّة، وعلينا أن نحتكم إلى الشورى. ثم راح يستشهد بآيات من القرآن.

لم يشعر أبي باطمئنان وهو يرى العشيرة تذهب كلّ مذهب. فأيقن أنّ المزيد من التفكّك اعتراها. وقد صرّح أخي محمّد الكبير

أمامه بأنّ الزمن لم يعد زمن الانتماء للعشائر، بل هو زمن الانتماء للوطن.

تنحنح أبي وكاد يطلق عقيرته بغناء ممتدّ في مدح العشيرة والتذكير بأمجادها، ثم لاذ بالصمت وهو يرى بعض أبناء العشيرة يصفّقون استحسانًا لكلام أخي محمّد الكبير. تلثّم بكوفيّته وجعلها تغطّي وجهه ما عدا عينيه اللتين تبرقان غضبًا، فلم يكترث أحد لغضبه، بل إنّ أخي محمّد الكبير قال:

– علينا أن نحترم التعدّدية.

صفّق أبناء العشيرة له. وراح أبي يستعرض وجوه المصفّقين مبديًا استغرابه من هذه الظاهرة الجديدة: ظاهرة التصفيق التي لم تعهدها مضافته من قبل. في العادة، كان رجال العشيرة حين يرغبون في التعبير عن إسنادهم له يلوّحون بأيديهم وهم يقبضون على السيوف أو البنادق ويقولون: لعينيك يا شيخ منّان، أَبْشِرْ، نحن معك.

لم يمعن أبي في تصعيد الموقف. لَمّا لاحظ أنّ الدنيا تتغيّر من حوله، وجد أنّ من الأجدى له أن يسير مع التيّار، فلا يخسر احترام العشيرة. وما دام ابنه المنحدر من صلبه يخالفه الرأي فعليه أن ينصاع لواقع الحال ولو ظاهريًا. فكّ اللثام عن وجهه وظلّ صامتًا بضع لحظات، ثمّ قال كأنّه يعلّق على كلام أخي محمّد الكبير:

– زين، كلّ واحد يغنّي الموّال اللي في راسه.

صفّق شباب العشيرة لأبي على غير توقّع منه. انفرجت أساريره ونظر نحوي وسألني قاصدًا المزاح معي:

– ها يا محمّد الأصغر، لمن تعطي صوتك؟

ابتسمت، ولم أجب لأنّه لا صوت لي بعد. غير أنّ سؤاله حفّزني على البحث عن جواب. قلت له فيما بعد:

– أنت سألتني وعليّ أن أبحث عن جواب.

قالت أمّي:

– يا ولدي يا محمّد أنت جمل العيلة.

ودندنت بأغنية لطالما سمعتها في بعض مناسبات العشيرة:

هالليلة وأخرى ليلة يا حبايب

روّح جمل العيلة بقى غايب

شكرتها على ثقتها بي، وقلت:

– سأبحث بتمهّل عن جواب، وأرجو ألا أضلّ الطريق مثلما ضلّ أخي فليحان.

حين عرف ما قلته عنه قال:

– أنت لا تعرف في الحياة شيئًا بعد، وأنا لم أضلّ الطريق، فالحياة طرقها متعدّدة، وأنا اخترت الطريق التي تناسبني.

قالت أمي:

– هذا أخوك فليحان عقدة شرّ، احرص على أن تبتعد عنه.

وحين عرف أخي فليحان ما قالته أمّي عنه عاتبني وقال:

– أمّك وضحا تتعرّض لي بكلام لا يليق.

قلت له محاولاً تخفيف التوتّر بينهما:

– يا أخي فليحان، أمّي لا تضمر لك سوى الخير.

– أمّك تضمر لي الشرّ مثلما تضمره لأخينا محمّد الكبير.

بعد الانتخابات، صار أخي محمّد الكبير عُرضة لمعاناة من نوع جديد.

أطاح القصر بالحكومة الوطنيّة، وتَمّ حظر الأحزاب السياسيّة واعتقال المنتسبين إليها. واستُثنيت من ذلك جماعة الإخوان المسلمين. كانت تقول إنّها جماعة دعويّة هدفها إصلاح الفرد بغية إصلاح المجتمع، فاحتضنها النظام.

اعتُقل أخي محمّد الكبير، وشملت البلاد حملات تفتيش واسعة قام بها الجيش ورجال الأمن. خافت أمّي، ولم يكن لي أيّ نشاط سياسي. ربّما شاركتُ في تظاهرة ضدّ حلف بغداد، ثم انصرفت إلى دروسي، ولم أنتبه للسياسة رغم محاولات أخي محمّد الكبير وزوجته مريم للتأثير عليّ. كانت أمّي تبخّرني كلّ مساء.

وذات صباح، انتشر أفراد الجيش في راس النبع، واقتحموا البيوت، فتّشوا الخزائن والجوارير، فتّشوا المطابخ وتحسّسوا أكياس القمح والشعير، بحثًا عن أسلحة وكتب شيوعيّة ومنشورات. فتّشوا كتبي المدرسيّة ولم يعثروا على أيّ شيء يمكن أن يشكّل خطرًا على الدولة. كانت أمّي في الأثناء تكثر من تلاوة التعاويذ المضادّة للشرور.

ازدادت وتيرة القمع في البلاد، واعتزل أبي السياسة واكتفى بمتابعة نشرات الأخبار.

وازدادت مخاوف أمّي ليس من سياسات القمع وحسب، وإنّما من أولئك الذين يسكنون معنا في المكان، ينصتون إلى كلامنا ويراقبون حركاتنا وسكناتنا. قالت إنّها لم تعد تخرج في الليل لتفقّد أغنامنا في الحظيرة، لأنّها رأت ذات ليلة رَصَدًا يركض في الطرقات. تابعت حركته من الضوء الذي يشعّ منه. ثم هبط في البئر التي تقع عند سفح الجبل. قالت إنّها حرّمت بعد تلك الليلة الخروج في الليل.

وعندما تضطرّ إلى إحضار الماء من بئرنا بعد الغروب، لم تعد تفتح باب البئر إلا بعد ذكر اسم الله سبع مرّات. تدلي بالدلو في عمق البئر ثم تنتشله وهي لا تتوقّف عن ذكر اسم الله لكي يطرد الجن، ويمنعهم من التشبّث بالدلو.

تتّهمها نساء العائلة بأنّها تُدخل الخوف إلى قلوبهن، فلا تجد سندًا لها سوى عمّ أبي، عبد الجبّار، الذي يؤكّد بأنّ الجنّ يزورونه في

الليل، يقبضون على يديه وقدميه، يحملونه ويطوّحون جسمه في فضاء الغرفة، ثم يعيدونه إلى فراشه ليواصل النوم إلى جوار مهيرة في أمان.

غير أنّ أفعال الجنّ لا تقف عند هذا الحد. في بعض الأحيان تستيقظ مهيرة من نومها فلا تجد عبد الجبّار إلى جوارها في الفراش (مهيرة أصبحت امرأة متقدّمة في السن، ولم تعد الكرات الذهبيّة تتساقط من بين ساقيها، ولم تعد تدرج على البلاط مثل حمامة. صارت تظلع قليلاً كلّما مشت بسبب ألم في الساقين). تعرف أنّه تسلّل إلى فراش ضرّتها خديجة. وعندما تكاشفه مهيرة بالأمر، يخبرها وهو يقسم أغلظ الأيمان، بأنّ الجنّ هم الذي يحملونه وهو نائم، ويلقون به في فراش خديجة ثمّ يغادرون البيت من دون أن يقدّموا أيّ تفسير لتصرّفهم هذا. ثمّ كيف يمكنه أن يطلب منهم أيّ تفسير وهو نائم؟ وهم في كلّ الأحوال لا يعنيهم أن يقدّموا لعبد الجبّار تفسيرات.

كانت أمّي تستعين بأقواله وتجد فيها تدعيمًا لمواقفها، رغم ما في ذلك من تهديد للصداقة التي تربطها بمهيرة. وتقوم بإجراءات وقائيّة عدّة كي لا يتمادى عليها الجن: تغطّي المرايا بقماش خفيف، اعتقادًا منها بأنّ النظر إليها في الليل يصيب المرء بالخبل أو بمسّ من الجنون. وهي لم تدرك ذلك إلا ذات ليلة حين لمحت في العتمة الشاحبة شبحًا يتحرّك داخل المرآة، فأصابها الذعر، وتعجّبت كيف لم تنتبه إلى الخطر الكامن في المرايا عندما اشترى لها أبي أوّل مرآة قبل سنوات! احتفلت بها آنذاك واحتضنتها، وكانت تنظر إلى وجهها فيها في الليل وفي النهار.

ولا تكتفي بالتأكيد على أنّ الجنّ يسكنون معنا، بل كانت على قناعة بأنّ المكان الذي بنى أبي بيتنا عليه مسكون بأرواح أجداد قدماء قاتلوا وقُتلوا وسالت دماؤهم فوق هذه الأرض. تنطلق أشباحهم في الليل باحثة عن فرصة للثأر، أو للتذكير بما كان، تسمع أمّي في

الليل صليل السيوف وحمحمة الخيول ونداءات استغاثة وآهات وأصوات أنين، وتكون نتيجة ذلك قلقًا يستبدّ بأمّي فلا يأتيها نوم.

وهي لا تنام إلا بعد أن ترشّ عتبة الدار بالماء، وفي الأثناء تذكر اسم الله وتقرأ التعاويذ وآيات من القرآن، لكي تخفّف من نزق الجنّ الساكنين معنا، ومن لهفة الأجداد إلى ارتشاف الماء الذي يروي ظمأهم، ويقلّل من إلحاحهم على طلب الثأر.

تبوح لي بمخاوفها فتنقل إليّ قسطًا منها، وتحذّرني من رشق الماء في العتمة من دون بسملة، لأنّه قد يقع على رأس جنّي، يغضب منّي ويتلبّسني ويفقدني عقلي. وحين تنام العائلة وأبقى وحدي في هدأة الليل منكبًّا على دروسي، يستبدّ بي الخوف، فأتخيّل الجنّ واقفين خلف زجاج النافذة يراقبونني، ويستغربون بقائي ساهرًا، وهم بطبيعة الحال لا يعنيهم أنّ أيّ تلميذ مجتهد مضطرٌّ إلى السهر، ما يجعلهم أكثر ميلاً لتعريضي لألوان من المعاناة. وأتخيّل الأجداد واقفين خلف الزجاج كذلك، كأنّما هم في حلف مع الجنّ، يمسّدون شعر لحاهم وهم يتأمّلونني، ويحدسون في ما بينهم بأنّني لن آخذ بثأرهم، وسوف أنساهم، وسأظلّ منصرفًا إلى كتبي التي لا تعنيهم في كثير أو قليل.

تبلغ بي الحيرة منتهاها وأتساءل: هل أستمرّ في متابعة الدروس أم أنام؟ أحسم الأمر وأتجنّب النظر إلى زجاج النافذة خوفًا من مفاجأة مربكة، وأختار الذهاب إلى النوم على أن أخصّص وقتًا كافيًا للدروس أثناء النهار، ومن ثمّ أنام في وقت مبكّر من الليل، فلا أستفزّ الجنّ وأرواح الأجداد.

تشعر أمّي بارتياح لهذا القرار.

3

جاءت المفاجأة التي لم تتوقّعها أمّي ولم تفكّر فيها من قبل.

كانت العتمة تسبّب لها كثيرًا من الخوف. وكانت لديها قناعة بأنّ العتمة أنثى شرّيرة متفرّغة لاحتضان الجن. ويبدو لها الآن أنّ خوفها منها لن يستمرّ على الوتيرة نفسها، وإلى ما لا نهاية. أدركت ذلك وهي ترى عمّالاً على رؤوسهم خوذات واقية، كأنّهم جنود يتهيّأون للدخول في حرب ضدّ الأعداء. يتشعبطون على سلالم ويمدّون أسلاكًا مغلّفة بمطّاط، ثم يدخلون البيوت ويركّبون على جدرانها أزرارًا للتحكّم، بحيث لا يصعب على الناس تشغيلها ليعمّ الضوء كلّ زاوية في المكان.

حين وصلت الكهرباء في العام 1965 إلى راس النبع وقعت تحوّلات ملموسة في حياة أمّي وفي حياتنا جميعًا (وصلتنا قبل جيراننا في قرية السواحرة الغربية بخمس سنوات). دخلت الثلاجات والغسّالات والأفران والمكانس الكهربائيّة وأجهزة التلفاز إلى البيوت. وظلّت أمّي عازفة عن النظر إلى التلفاز، لا تتابع برامجه مثل بقيّة نساء العائلة، لاعتقادها أنّه مثل المذياع مسكون بالجنّ الذين يظهرون

على شاشته بشوارب مشذّبة وبربطات عنق أنيقة، وبالجنيّات اللواتي لا يتورّعن عن عرض أجزاء من أجسادهنّ من دون حياء.

ومع الزمن، لم تعد لحكايات أمّي جاذبيّة مثلما كان لها في السابق. صارت تبحث عن جلسة سمر، فلا تظفر بها بسهولة. استعاضت العائلة عن حكاياتها بمسلسلات التلفاز، أو بالمسرحيّات المنقولة على شاشته، أو بحفلات الغناء التي يجري بثّها بشكل مباشر، أو بعد تسجيلها. لم يكن هذا فألَ خير بالنسبة لأمّي، وجدت فيه تدخّلاً في تفاصيل حياتها وتعارضًا مع طريقتها في الحياة.

ولم تتراجع عن رغبتها في سرد الحكايات، إلا أنّها أجرت تعديلات على منهجها في السرد، فوجدت أنّ من واجبها التوقّف عن التكرار، فلا تسرد الحكاية الواحدة عددًا من المرّات، وصارت تراعي مزاج السامعين حدّ قطع الحكاية عند لحظة معيّنة وتلخيص مغزاها ببضع كلمات، والانتهاء منها حين ترى تململاً من أحد السامعين، أو عدم رغبة في الإصغاء. وتوقّفت عن سرد الحكايات التي باتت معروفة للجميع، واستعاضت عنها بنقل أخبار العشيرة من دون تطويل، تلتقطها من أفواه النساء عندما يضمّهن مجلس في الصباح أو في المساء، ومن ثمّ تغربل ما تسمعه وتعيد ترتيبه وصياغته بالطريقة التي تحلو لها، مع تعليقات لاذعة واستغابات تضيفها من عندها في كثير من الأحيان.

ظلّت عازفة عن مشاهدة برامج التلفاز، وعن التعاطي مع الغسّالات. قالت إنّها مسكونة بالجن، وأيدي الجنّ هي التي تحرّك الغسيل فيها. ظلّت تغسل ملابسها وملابس زوجها بيديها، وقالت إنّ هذا أضمن لسلامة بدنها وبدنه.

حاولت أن تعيش حياتها بعيدًا من تأثيرات الحضارة وأجهزتها الوافدة إلى راس النبع، إلا أنّها صارت تتذمّر كلّما انقطعت الكهرباء

وحلّت العتمة في البيت. تعود إلى التأكيد على أنّ العتمة عدوّتها اللدود. تبحث بحذر عن مصباح الكاز أو عن اللوكس، تضيئ هذا أو ذاك في انتظار أن تعود الكهرباء، وعندما تعود تتنفّس الصعداء وتحمد الله، وتزداد قناعة بأنّ الكهرباء ما هي إلا نور الملائكة التي أرسلها الله، جلّ جلاله، لتنير البلاد رأفة بالعباد.

ثم صارت تقلّل من حديثها عن الجن، ربّما لأنّ الكهرباء هزمت العتمة، إلّا وقت انقطاعها لسبب ما. كانت مخاوفها كلّها تقريبًا نابعة من العتمة، وما تنطوي عليه من أخطار وخفايا ومفاجآت، ومن جنّ وشياطين متربّصين بها في المكان.

مع ذلك، ظلّ موقفها من التلفاز ثابتًا إلى حدّ ما، رغم أنّها لم تعد تكرّر قناعاتها السابقة بأنّ الذين يظهرون على شاشته هم من الجن، وأنّ اللواتي يظهرن على شاشته هن جنّيّات. كانت عندما تلقي نظرة عابرة على الشاشة، فترى نساء يرقصن ويبدين سيقانهنّ على الملأ، تكتفي بالقول إنهنّ داشرات، ثم تمضي إلى غرفتها لأداء الصلاة.

ولم تستطع مقاطعة الثلاجة وقتًا طويلاً. فقد لاحظت كم توفّر عليها من وقت عندما لا تضطرّ إلى الطبخ كلّ يوم! تطبخ الطعام بكميّة تكفي ليومين، فترتاح يومًا من الطبخ. حمدت ربّها على هذه النعمة، إلا أنّها لم تستطع أن تلغي من رأسها حقيقة أنّ الجن يترصّدونها هنا وهناك، خصوصًا عندما يضعون خططهم الخبيثة لقطع الكهرباء، وللاستمتاع بالعتمة التي يعشقونها، ويمارسون في ثناياها كلّ ما يروقهم من ممارسات.

كنت أهدّئ من مخاوفها بين الحين والآخر، فلا تصدّق أنّني تخلّصت من مخاوفي وأصبحت لها من الناصحين.

هيّأت لي وظيفتي في المحكمة الشرعيّة فرصًا لحضور الجلسات التي تعقد في مكتب القاضي للنظر في قضايا الطلاق،

وكنت أسجّل محاضر الجلسات التي يندى لها الجبين في كثير من الحالات. وكنت منتبهًا منذ البداية لحساسيّة الوظيفة التي أشغلها، رغم أنّها وظيفة عاديّة لموظّف صغير، فأنا مطلٌّ إلى حدٍّ ما على الأحوال الداخليّة لعائلات في المدينة وفي محيطها.

كنت أدوّن بعد عودتي إلى البيت أهمّ القضايا التي اطّلعت عليها وعايشتها في دفتر خاص. وكنت في بعض الأوقات، خصوصًا بعد قراءتي لرواية «الحرام» ليوسف إدريس، أتوقّع أنّني سأنجح في معالجة القضايا الاجتماعيّة التي تهمّ الناس، وأطمح إلى أن تكون هذه القضايا التي أدوّنها في دفتري خير عون لي على الكتابة. أتخيّل كيف سيتابع الناس ما أكتبه على شكل حلقات مسلسلة في الصحيفة اليوميّة! فأشعر بارتياح.

حلمت كثيرًا، وصرت أتـدرّب على الكتابة من خلال تدوين الوقائع، ومن خلال ردودي على الرسائل التي كان يرسلها أخي عطوان من البرازيل، والرسائل التي كان يرسلها أخي سلمان من الكويت. كنت أقرأ رسائلهما إلى أبي، ثم أتهيّأ للردّ عليها بلغة حرصت على أن تكون رصينة خالية من الأخطاء.

وذات مساء، قال لي أبي: ما الذي فعلتَه للعائلة يا محمّد؟

ولم ينتظر أيّ جواب. ظلّ نهبًا للهمّ والغمّ، وقال إنّ عائلتنا تمعن في التفكّك، تشبهها في ذلك عشيرة العبد اللات التي ننتمي إليها. أيّدته أمّي، واعتبرت ذلك سخطًا من الله. أكثرت من حرق البخّور في دارنـا، ومن رشّ الماء عند عتبة الـدار، وتغطية المرايا بالقماش الخفيف، وتلاوة التعاويذ، وصارت تحرص على اقتطاع أجزاء صغيرة من أثواب النساء اللواتي لا يرقنها، من دون علمهن، لحرقها في الوقت المناسب حماية لأولادهـا ولبناتها من حسدهنّ، ولحفظ العائلة من شرورهنّ.

ولم يوافق أبي على أنّ ما يشكو منه هو سخط من الله، فهو على قناعة بأنّ الله جلّت قدرته لن يشغل نفسه بتدبير انهيارات صغيرة لا قيمة لها في ميزان حكمته وجبروته. تأكّد من هذا الأمر حين سافر أخي عطوان، وهو الأخ الأصغر لفليحان من أمّه مثيلة، إلى البرازيل للاشتغال في التجارة. انتشرت في أوساط العشيرة وفي راس النبع وفي أنحاء البلاد أخبار الرخاء الذي تنعم فيه البرازيل، وفرص العمل الكثيرة فيها، حتى إنّ الحاصلين على جوازات السفر كانوا يحرصون على تضمين جوازات سفرهم الصيغة المغلوطة التالية الخاصّة بالبلدان التي يمكنهم السفر إليها: «كافة الأقطار والبرازيل»، كما لو أنّ البرازيل ليست معدودة من ضمن الأقطار.

وصل أخي عطوان إلى ريو دي جانيرو، ومعه ثلاثة من أبناء العشيرة. وذات مرّة، انهال رجل ضخم الجثّة على أخي بالضرب المبرّح، وأبناء العشيرة يرون ما يجري له من دون أن يتجرّأوا على نجدته أو حتّى التدخّل لوقف الاعتداء عليه.

غضب أبي حين وصل الخبر إليه في إحدى رسائل عطوان، وتمنى لو أنّه كان هناك لكي ينصر ابنه المظلوم. ثم راح يكيل الشتائم لأبناء العشيرة الذين لم تتحرّك الدماء في عروقهم، وهم يرون عطوان يتعرّض للضرب. صاح بصوت مكلوم: يا حيف عليكم يا اولاد العشيرة! وبالطبع فإنّ أولاد العشيرة خافوا مغبّة التدخّل ضدّ البرازيلي، الذي قد يستنجد بذويه، وقد يتطوّر الأمر إلى حدّ تدخّل الشرطة وإلى إيداع أبناء العشيرة في السجن، وقد يؤدّي ذلك إلى طردهم من البلاد.

وصلت رسائل عدّة من عطوان، فيها وصف لحياته في البرازيل وذكرٌ لأخباره وأخبار أبناء العشيرة هناك. وذات مرّة وصلت رسالة منه، توقّعت أنّ أبي لن يفرح لها. وبالفعل تأكّدت ظنوني، فما إن قرأتها له حتّى أبدى انزعاجًا ملحوظًا. ذلك أنّ عطوان تعرّف إلى امرأة

برازيلية، وقع في حبّها ووقعت هي في حبّه، ثمّ تزوّجها وهو يعيش معها بانسجام.

لم ينزعج أبي لأنّ عطوان تزوّج امرأة تدين بالديانة المسيحيّة، فهو متفتّح الذهن إلى حدّ ما، ولا مشكلة لديه إن تزوّج مسلم بمسيحيّة. له تجربة سابقة في زواج أخي محمّد الكبير بمريم. بارك أبي هذا الزواج ولم يجد فيه غرابة، رغم استغراب المتزمّتين في العشيرة، ومنهم أخي محمّد الصغير. لم يأبه بهم أبي، بل إنّه تركهم يلوبون مثل الديوك المذعورة. ظلّوا يثرثرون ويتهامسون إلى أن أدركهم التعب ثمّ لاذوا بالصمت.

انزعج أبي لاعتقاده أنّ عطوان لن يرسل نقودًا إليه بعد هذا الزواج. منّى نفسه عندما سافر ابنه إلى البرازيل بمزراب من النقود تنهمر عليه بين فترة وأخرى. وراح يتخيّل نفسه وقد تيسّرت أحواله في زمن شحّ الموارد. خفّ انزعاج والدي مع الوقت وراح يفرح كلّما جاءته رسالة. وكم كانت فرحته كبيرة عندما أخبره ابنه بأنّه رزق بأوّل مولود ذكر من زوجته البرازيليّة! توقّع أبي أن يكون اسم المولود منّان، على اسمه هو، رغم أنّ ابن عطوان من زوجته فهيمة اسمه منّان. لكنّ أخي لم يرقه كما يبدو أن يكون لديه ولدان بالاسم نفسه، لذلك سمّى ابنه سيمون بوليفار.

ظلّ أبي زمنًا يعجز عن نطق اسم حفيده. وأيقن أنّ الاسم نابع من مخيّلة أمّه البرازيليّة، وابتهج عندما أخبره عطوان في رسالة تالية أنّ هذا الاسم يخصّ مناضلاً كبيرًا حرّر أمريكا اللاتينيّة من الاستعمار. صار أبي يرسل السلام تلو السلام إلى الحفيد، في رسائل أكتبها بتكليف منه، إلى عطوان، مكتفيًا بذكر اسمه الأوّل الذي يسهل عليه التلفّظ به: سيمون.

* * *

كتب أخي عطوان:

سلام سليم أرقّ من النسيم، يغدو ويروح من قلب مجروح إلى حبيب الروح والدي منّان، راجيًا من الله الغفور الرحيم أن تصلكم رسالتي هذه وأنتم في أحسن حال، وفي صحّة جيّدة وراحة بال، وإن سألتم عنّي فأنا بخير من الله وصحّتي عال العال، ولا ينقصني سوى مشاهدتكم والسمر معكم والاطمئنان عليكم.

وصلت يا والدي إلى البرازيل بتاريخ 12/9، هبطت بنا الطائرة في مطار ريو دي جانيرو في الليل. وكان بصحبتي أبناء العشيرة الثلاثة. وكم حزنت لفراقكم وأنا أودّعكم في مطار قلنديا! قلت في نفسي: الله أعلم متى نلتقي بعد هذا السفر! ولا أخفيك أنّني كنت مسرورًا لأنّني أركب الطائرة لأوّل مرّة في حياتي، ولأنّني أسافر من أجل تحصيل الرزق. انتظرنا ثلاث ساعات في مطار باريس، وانشغلت بمشاهدة أنماط من الرجال والنساء يتجوّلون في ردهات المطار، أو يسيرون مسرعين نحو الطائرات. كنت أغضّ النظر عندما أرى امرأة غير محتشمة، أمّا أبناء العشيرة فالصحيح أنّهم كانوا على العكس منّي تمامًا، وفهمك كفاية يا والدي.

بعد انتظار، نادوا بمكبّرات الصوت في صالات المطار على الركّاب المسافرين إلى ريو دي جانيرو. توجّهنا إلى الطائرة، وقد خفت للمرّة الثانية لَمّا راحت المضيفة تشرح لنا كيف نتصرّف في حالة الخطر ونحن في الجو، وانخضّ بدني للمرّة الثانية لَمّا ارتفعت الطائرة عن الأرض وحلّقت في السماء، ثم بدأت نفسي ترتاح والمضيفات يتخطّرن في الممرّ ويقدّمن الخدمات للمسافرين. طلبت عصير البرتقال ورحت أتسلّى بالنظر عبر النافذة إلى كتل الغيوم في هذا الفضاء. تناولت الطعام وأنا

جالس في مقعدي بالطائرة، وكانت تجلس إلى جواري امرأة أجنبيّة مشغولة بتصفح مجلّة مصوّرة.

نمت ساعتين أو ثلاث ساعات. وعندما اقترب موعد نزول الطائرة طلب منّا قائدها أن نربط الأحزمة. ربطت الحزام وشعرت بالرهبة للمرّة الثانية. ثمّ تشاغلت بالنظر إلى أضواء المدينة التي تمتدّ على أرض واسعة. هبطت الطائرة، وبعد انتظار لم يدم طويلاً خرجنا منها، وكان الطقس لا هو بالبارد ولا هو بالحار، ولا يشبه طقس الشتاء البارد في مثل هذا الشهر في بلادنا.

سامحني يا والدي لأنّني أطلت عليك. أمضينا ثلاث ليال في الفندق إلى أن وجدنا بيتًا في حيّ شعبيّ من أحياء المدينة. أجرة البيت ليست كبيرة. تقاسمناها أنا وأبناء العشيرة.

نخرج في الصباح ولا نعود إلا في المساء، نذهب إلى الأحياء البعيدة ونلفّ على البيوت، نبيع للنساء ملابس لهنّ ولأطفالهن، نبيعهنّ كريمات وعطورًا. نتفرّق ونتوزّع على الأحياء ولا نلتقي إلا عند العودة إلى البيت.

أبناء العشيرة هنا يهدونك ألف حمل سلام ويبوسون يدك. وأنا أهديك ألف حمل سلام وأبوس يدك. وأرسل من هنا ألف حمل سلام لوالدتي مثيلة، ولأخواتي وأخوتي، وأخصّ بالذكر منهم: محمّد الكبير، محمّد الصغير، فليحان، فلحة، سلمان (هل أرسل لكم رسالة من الكويت؟) أدهم (هل هناك أخبار منه في هولندا؟) ومحمّد الأصغر، حماهم الله. وإلى أبناء عشيرة العبد اللات منّي ألف حمل سلام، وإلى زوجتي فهيمة وابني منّان ألف حمل سلام، وإلى كلّ من يسأل عنّي في طرفكم ألف حمل سلام، وإلى اللقاء في رسالة قادمة والسلام ختام.

ملاحظة: أرجو أن تطمئنوني على أخبار أخي محمّد الكبير في السجن، متمنّيًا له الإفراج العاجل. وأرجو أن ترسلوا لي عنوان أخي سلمان وأبناء عمومتي الذين سافروا إلى الكويت، لمراسلتهم وللاطمئنان عليهم، وفّقنا الله وإيّاهم، آمين يا ربّ العالمين.

ابنكم المشتاق: عطوان منّان العبد اللات
ريو دي جانيرو 1958/12/19

كنت معنيًّا بمتابعة أخبار أخي عطوان في البرازيل، وكذلك أخبار أخي سلمان في الكويت. وكنت مقتنعًا بأنّ لأوّل يوم في الوظيفة بهجة لا تُنسى. ارتديت بدلتي الجديدة وركبت الحافلة التي أخذتني من راس النبع إلى القدس. نزلت منها بالقرب من باب الساهرة، ومشيت على رصيف شارع صلاح الدين. كانت المحالّ التجارية تفتح أبوابها، وثمّة نساء ورجال يمشون على الرصيف، بعضهم يسرع الخطى وبعضهم الآخر يمشي الهوينى. وفي الشارع سيّارات تطلق أبواقها من دون مبرّر في بعض الأحيان. كنت أرى المدينة وهي تتفتّح مثل وردة في الصباح، فأشعر بتفاؤل وانتعاش.

صعدت درجات البناية ودلفت إلى داخل المحكمة الشرعيّة. سلّمت على زملائي الموظّفين وعرّفتهم عليّ، رحّبوا بي، وطاف بي رئيس القسم المسؤول عنّي في الوظيفة أقسام المحكمة، كانت هناك موظّفتان سلّمت عليهما من دون مصافحة، وفقًا لرغبتهما. ثم أدخلني إلى مكتب الرئيس. سلّمت عليه، وبعد عدد من الاستفسارات تمنّى لي التوفيق في عملي.

وجدت كرسيًّا خشبيًّا في انتظاري، وأمامه طاولة باهتة الدهان، وعليها ملفّات ودفاتر مجلّدة بورق مقوّى. كان الكرسي والطاولة في غرفة كبيرة مستطيلة الشكل يداوم فيها ثلاثة موظّفين.

فتحت الدفتر الذي سأداوم على فتحه فوق هذه الطاولة وأنا جالس على هذا الكرسي سنوات.

غير أنّ يومي الأوّل في الوظيفة لا يمكن أن يغيب عن البال، فهو الباب الذي عبرت منه إلى معترك الحياة.

والصحيح يا والدي، رغم الصعوبات التي تواجهني هنا، فأنت دائمًا في البال، وقد عوّدتني على الصدق والصراحة. وأنت تعلم كم أحبّ زوجتي فهيمة! وكم أحبّ ابني منّان! ويكفيني فخرًا أنّ منّان يحمل اسمك، متّعك الله بالصحّة وأدامك تاجًا فوق رؤوسنا. والصحيح أيضًا أنّ هذه الغربة ثقيلة ثقل الجبال، وإن لم يكن المرء فيها قادرًا على الاحتمال فسوف ينهار. وأنا لن أخيّب ظنّك بي، لأنّك أنت والد الرجال. وأعلمك بأنّني رحلت قبل أسابيع من البيت الذي كنت أقيم فيه مع أبناء العشيرة. لكلّ واحد منهم يا والدي مزاج، وأحيانًا يحصل بيننا سوء تفاهم لأتفه الأسباب. في الغربة يصبح كلّ واحد غير قادر على احتمال أقرب الناس إليه إذا كان مزاجه ليس على ما يرام. وما يحزّ في نفسي أنّني تعرّضت لاعتداء من أحد الأشخاص من أهل هذه البلاد. بعته بنطلونًا، ولَمّا غسله انكمش. جاءني غاضبًا، وكنت بعته البنطلون وأنا جالس على الرصيف المحاذي للبيت الذي نقيم فيه، وأمامي حقيبة البضاعة، وبالقرب منّي أبناء العشيرة الثلاثة يعرضون بضائعهم. عرفني وراح يضربني، ولم أستطع التصدّي له لضخامة جسمه. توقّعت أن يهبّ أبناء العشيرة لنجدتي، لكنّهم جبنوا. قلت لو أنّهم على الأقلّ تدخّلوا لمنعه من مواصلة الاعتداء عليّ. ظلّ يضربني حتّى ارتميت على الأرض، ولسوء حظّي لم يكن في الجوار رجال شرطة، ولم يتدخّل أحد من المارّة. بقيت طوال

تلك الليلة متألّمًا يعصف بي الندم لأنّني قدمت إلى هذه البلاد، وكنت أفكّر بالعودة من حيث أتيت، ففي بلادي وبين أهلي أستطيع أن أعيش في أمان.

المهمّ يا والدي، أبدى أبناء العشيرة أسفهم. قالوا كلامًا كثيرًا لتبرير تقاعسهم، وفي لحظات صدق مع النفس أدانوا أنفسهم، وشجّعوني على التقدّم بشكوى لرجال الشرطة. خفت من عاقبة الشكوى. قد ينكر المعتدي كلّ شيء وقد لا يستطيعون القبض عليه، لأنّني لا أعرف اسمه ولا أعرف أين يقيم. طويت هذه الصفحة وبقيت متألّمًا مجروحًا كلّما تذكّرتها.

استأجرت بيتًا قريبًا من البيت الذي يقيم فيه أبناء العشيرة. أعيش وحدي في هذه الغربة وأواصل العمل إلى أن يفرجها الله عليّ. وأرجو أن تعذرني يا والدي، لأنّني لم أرسل نقودًا لكم رغم مرور ستّة أشهر على وجودي هنا. عندما نصرّف النقود، ونحوّلها إلى دولارات، تفقد كثيرًا من قيمتها. أرجوكم أن تصبروا عليّ، وأن تعتنوا بزوجتي وطفلي إلى أن أتمكّن من إرسال النقود.

ملاحظة: وصلتني رسالة من أخي سلمان. قال إنّه يعمل في محطّة بنزين ويسكن مع خمسة من أبناء العشيرة في بيت واحد، لكنّ أكثر ما يزعجه الطقس الحارّ في الكويت.

من هنا، من بلاد الغربة أرسل ألف حمل سلام لكلّ من يسأل عني، والسلام ختام.

ابنكم المشتاق: عطوان
ريو دي جانيرو 1959/6/3

* * *

قال أخي فليحان:

لي حياتي ولي ذكرياتي، وأخي عطوان كثير الغلبة، وعندما سافر إلى البرازيل توهّم أنّه سيجد الذهب منعوفًا في الطرقات، وما عليه إلا أن يملأ جيوبه ذهبًا ويعود إلى البلاد. عطوان لا يهمّني والعائلة لا تهمّني في قليل أو كثير. أترك أمورها في هذه الأيّام لأخي محمّد الأصغر، وأنشغل في أموري الخاصّة التي تعنيني باستمرار.

لَمَّا غنَّت المطربة سلوى «وين ع رام الله» أعجبتني الأغنية. أخذت رسميّة في سيّارتي الكاديلاك إلى مطعم فندق حرب في رام الله. قلت: نتعشّى أنا ورسميّة ونأكل أشهى طعام، وبعد العشاء أدخّن أرجيلة وأنبسط. وصلناها مع الغروب. كانت المدينة تحيا بعفويّة وانطلاق رغم ازدحامها بأعداد غير قليلة من مهجّري ثمانية وأربعين. الناس يتمشّون في شارع الإرسال. الرجال ببدلات أنيقة والشباب ببنطلونات الخصر الساحل، والبنات بالتنّورات القصيرة التي تكشف أفخاذهن، وبالبلوزات الملوّنة التي تكشف أذرعهن. وكنت أرى رجال المباحث منتشرين بين الناس، مهمّتهم تعقّب منتسبي الأحزاب المحظورة، وأنا لا أخشاهم لأنّني ابن النظام.

دخلنا المطعم، وطلبنا عشاء من اللحم المشوي والسلطات والمخلّلات. طلبت من النادل أن يُسمعنا أغنية سلوى. سمعناها وجعلت مساءنا مثل الفلّ. ثم سمعنا أغاني لفريد الأطرش وعبد الحليم حافظ وصباح. ولَمّا غنّت صباح «ع العصفوريّة، ع العصفوريّة، وصّلني بإيده وما طلّ عليّ» طربنا أنا ورسميّة. وعلى طاولة مجاورة كان ثلاثة رجال وثلاث نساء يتناولون طعام العشاء ويشربون الخمر. واحدة من النساء وقفت وبان طولها الفتّان، ربطت المنديل على خصرها ورقصت.

كانت رسميّة تنظر بحياء إلى المرأة التي ترقص ويتمايل جسدها مثل غصن البان، وإلى الرجال الذين كانوا يهزّون خصورهم وهم جالسون على الكراسي، وعيونهم مشدودة إلى جسد المرأة. أعجبني حياء رسميّة الممزوج برغبات يمكن كشفها ببساطة ومن دون عناء.

عدنا إلى البيت. دخلتْ رسميّة الحمّام وغسلت جسدها وأنا استحممت. ظهرتْ في غرفة النوم وهي ترتدي قميص نومها الذي لا يغطّي ركبتيها. أدرتُ اسطوانة عليها أغنية «وين ع رام الله» وقفتْ تمشّط شعرها وتجدله أمام المرآة، وهي تهزّ خصرها على نحو خفيف، وتترنّم على إيقاع الأغنية، وأنا كنت مضطجعًا في السرير أتأمّل جسدها، وأشكر الخالق الذي منحها هذا الجمال.

وعندما شاعت في رام الله مهرجانات الصيف، كنت أوّل المشجّعين لها. وكم أعجبتني هذه المهرجانات التي دفعت أناسًا من الكويت وبلدان الخليج الأخرى إلى زيارة رام الله للاصطياف فيها، وللتمتّع بطقسها المعتدل وبهوائها العليل! كانوا يستأجرون بيوتًا يقيمون فيها فترة الصيف، أو ينامون في الفنادق. وفي الأمسيات الرائقة يتهادون على الأرصفة هم ونساؤهم وبناتهم، الرجال بالدشاديش البيضاء، والنساء بالعباءات الحريريّة السوداء التي تخفي تحتها فساتين متعدّدة الألوان، وعلى رؤوسهنّ مناديل الحرير. ويأتيها من القدس ومن عمّان ومن أمكنة أخرى صنوف من البشر الراغبين في قضاء وقت ممتع، فتبدو رام الله مزدهية بزوّارها، وتصدح في سمائها أغنيات المطربين والمطربات. أتلهّف على أغاني سميرة توفيق وأتمنّى لو أنّها حاضرة في أحد المهرجانات لكي أستمتع بأغانيها، وأنا أتأمّلها بشغف لا ينتهي ولن ينتهي.

ويعمّني السرور عندما أرى رسميّة مستمتعة بليالي الصيف، فأعدها بأن نتردّد كثيرًا على رام الله، نجلس في المتنزّهات، ونشاهد بعض العروض الغنائيّة التمثيليّة التي تروي تاريخ رام الله، مثلما تروي قصّة أبنائها الذين غادروها إلى المهجر لتحصيل الرزق، ثمّ استقرّوا في الولايات المتّحدة الأمريكيّة وفي عدد من بلدان أمريكا الجنوبيّة، إلا أنّ أعدادًا منهم تعود إليها في الصيف، فيزداد صيفها ولياليها غنىً وبهجة.

كنّا نعود منها إلى راس النبع في ساعة متأخّرة من الليل. تنسلّ رسميّة بخفّة من داخل السيارة إلى البيت لئلا يراها أحد رجال العائلة أو إحدى نسائها. ولم تكن تنجح في التخفّي دومًا.

في اليوم التالي، تتناولها نساء العائلة بالغمز واللمز حينًا، وباللوم الصريح حينًا آخر: كيف تتركين أولادك وحدهم وتغيبين عن بيتك إلى «أنصاص» الليالي! وكيف توافقين على انتعال الحذاء ذي الكعب العالي، تتمايلين مرّة نحو اليمين وأخرى نحو الشمال، مثل الحمامة التي انكسر جناحها، وتكونين عُرضة للسقوط، ولانكشاف أجزاء من جسدك!

كانت تقول: يا بنات الحلال، لم أفعل أيّ شيء غلط.

تبتدع حججًا كثيرة، من دون طائل. وكنت أطلب منها ألا تكترث لهن، وأقول إنّ الغيرة هي التي تدفعهنّ إلى التعريض بها والإساءة إليها. تقتنع بكلامي وتتّخذ قرارًا بعدم الاكتراث، ثم لا يلبث القلق أن يعتريها، تقول لي: أنا لا أحتمل كلامهن.

وتقول إنّها على قناعة بأنّهنّ يستغبنها عندما لا تكون جالسة معهن.

ولمّا ازدادت تدخّلاتهنّ في تفاصيل حياتها، انتهجنا أسلوبًا آخر يجنّبها المعاناة. صرنا نذهب إلى رام الله للسهر فيها، وعند منتصف الليل نعود إلى بيتنا الآخر القريب من مخيّم العودة، على الطريق بين

رام الله والقدس، فلا تعود مشاويرنا مكشوفة مثلما هو الحال في راس النبع.

كنت أفعل ذلك مراعاة لمزاجها، فهي لا تطيق أن تتطرّق إلى سيرتها أو إلى تصرّفاتها نساء العائلة أو أيّ أحد آخر.

ولم يفارقني القلق. اعتاد والدي منّان القول: المال الحرام ما له دوام.

وكنت أدرك على نحوٍ ما أنّ كلامه صحيح، وأنّني أنا المقصود قبل غيري بهذا الكلام. قلت: بين يديّ أموال كثيرة، وقبل أن أبدّدها على الحفلات والولائم وشمّات الهوا والبذخ وشراء السيّارات وبناء البيوت واقتناء الأثاث الفاخر، وارتداء أجمل الثياب، لا بدّ من استثمارها في ما ينفعني لأيّام شيخوختي، وللسنين القادمة التي لا أدري ماذا تخبّئ لي الأقدار فيها من أمور لا يعلمها إلا الله.

اشتريت خمسة حوانيت في عدد من أسواق القدس، جعلت واحدًا منها مقهى والثاني مطعمًا، والثالث للأدوات الكهربائيّة، والرابع للأقمشة والملبوسات الخاصّة بالنساء والأطفال، والخامس للصّرافة. واعتمدت على عدد من أبناء العشيرة للعمل فيها بأجور شهريّة وجدتها مقبولة، ووجدها غيري قليلة، حتّى إنّني اتُّهمت بالبخل وباستغلال أقرب الناس إليّ. اشتغل أخي عطوان في حانوت القماش سنة كاملة، ثم قال إنّه لا يكاد يحصل منّي على أجر يكفي لإعالة زوجته وابنه. ترك العمل في الحانوت، وسافر إلى البرازيل.

واشتريت جبلاً قريبًا من المخيّم الذي يقيم فيه أهل زوجتي، وتقيم فيه أختي فلحة. أنشأت محجرًا في الجبل، لقطع الحجارة ولتشكيلها لتصبح صالحة لبناء البيوت. اشتغل زوج أختي في المحجر، لأنّ عمله، بائعًا متجوّلاً للحلوى، لم يعد يكفيه هو وزوجته

وأولاده. واشتغل والد زوجتي فيه، لأنّ اشتغاله في تقليم الأشجار في بعض أوقات السنة لم يكن يدرّ عليه دخلاً كافيًا.

ومع الزمن، توسّعت تجارتي، وقدّرت حاجة الناس إلى أجهزة المذياع والتلفاز وإلى الثلاجات والغسّالات والمكانس الكهربائيّة. لذلك، صرت أبيعها لهم بالتقسيط، وصرت أمنح قروضًا ميسّرة لبعض الزبائن على أن يسدّدوا هذه القروض في آجال محدّدة وبفوائد، سمّاها أبي، سامحه الله، أموال الربا التي حرّمها الله، وسمّيتها أنا تجارة مشروعة تمارسها البنوك وكلّ المؤسّسات التجاريّة في العالم.

لم ألتفت إلى ما صدر من كلام وصلني على هذا النحو أو ذاك، يصفني بأنّني قمت باستغلال أبناء المخيّم، ومن بينهم والد زوجتي وأقاربه، وكذلك زوج أختي وأقاربه، لكي أجمع الأموال الطائلة، وهم ظلّوا على ما هم عليه من فقر تسبّب فيه تهجيرهم من مدنهم وقراهم، واضطرارهم إلى الإقامة في مخيّم بائس في انتظار العودة إلى مكانهم الأصلي. احتملت الكلام كلّه من أجل عيون رسميّة وفلحة، واحتملته لأنّني اعتبرته كلامًا غير صحيح.

وكنت معنيًّا برسميّة طوال الوقت.

تـردّدتْ وأنـا أقتـرح عليها أن تخلع الثوب المطرّز وترتدي فستان الماكسي. قلت لها: نذهب أنا وأنت إلى متنزّهات رام الله ومطاعمها، وسيكون فستان الماكسي أفضل للسهرات. وبعد مماطلة وتدلّل، بدت أصغر من عمرها وهي ترتديه. ولم يكن الأمر بدعة، فقد شاعت موضة الماكسي وانتقلت من المدينة إلى القرى. قلت لها: الفستان الماكسي يغطّي سائر الجسد وهو محتشم، وهو في الوقت نفسه جذّاب. اشتريت لها عددًا من الفساتين من مختلف الألوان، وقدّمتها لها هديّة في عيد زواجنا، وهي اعتادت أن تذهب مع نساء

العائلة إلى القدس لشراء الفساتين والشلحات والسراويل الداخليّة والعطور والكريمات.

وشاعت في المدينة موضة التنّورات القصيرة، ترتديها الفتيات المراهقات وبعض موظّفات المكاتب والبنوك والمؤسّسات والشركات. تنحسر التنّورة عن فخذي المرأة على نحو لافت للانتباه، ما جعل رجال عشيرتنا يحرّمون على بناتهم المراهقات ارتداء التنّورات، وخصّص لها أخي محمّد الصغير خطبة في جامع راس النبع، قال فيها إنّ من ترتدي هذا الصنف الفاضح من الثياب سوف تأتي يوم القيامة عارية، ويُلقى بها في النار. تركت خطبته أثرًا في نفوس الناس، فأصبحت النظرة إلى التنّورة مشوبة بمشاعر اشمئزاز.

وشاعت في تلك الفترة أيضًا موضة بلوزات الجابونيز التي تدع ذراعَيِّ المرأة مكشوفتين، حتى إنّ بنات المدينة صرن يتحاشين أخْذ التطعيمات ضدّ الأمراض السارية في أعلى الذراع بسبب تركها أثرًا على البشرة لا يزول، واستعضن عن ذلك بأخذها في منطقة أعلى الفخذ. ولم يحدث أنّ امرأة في راس النبع تجرّأت على ارتداء التنّورة أو بلوزة الجابونيز.

ولم تفكّر رسميّة في ارتدائهما، لاعتقادها أنّهما لا تصلحان إلا لبنات العشرين، وهي الآن في الثلاثين من عمرها. وعلاوة على ذلك، فهي حسّاسة تجاه أيّ أمر له علاقة بسلوكها، ولا تنسى أنّ ضرّتها شيخة تعيّرها كلّما اشتبكت معها في شجار بأنّها تزوّجتني في غياب أبيها. وعندما يشتدّ الشجار تتّهمها بأنّها فرّطت بشرفها، وأنّ جسدها انكشف لي على العشب في الخلاء قبل الزواج. ولست أدري كيف تسرّب هذا الكلام إلى شيخة مع أنّني حرصت على أن يبقى محصورًا في أضيق نطاق!

ولم أحاول تشجيعها على ارتـداء التنّورة وبلوزة الجابونيز. اشتريت لها تنّورة وبلوزة لترتديهما في البيت ونحن وحدنا، فأشعر باستمتاع وأنـا أرى كيف يتشكّل جمال جسدها ما بين الكشف والإخفاء.

ولم تكتف رسميّة بارتدائهما داخل البيت. صارت تخرج إلى ساحة الدار وهي ترتديهما، تتمشّى تحت شمس الربيع، ثم صارت تخرج لنشر الغسيل على الحبل المنصوب في الساحة، فتراها ضرّتها شيخة وبعض نساء العائلة. فتكثر الشائعات حولها. يتّهمنها بأنّها فالتة، قليلة تربية، تخرج من بيتها شبه عارية لاستدراج الشياطين لكي تتمتّع بالنظر إلى جسدها، ولتفعل ما هو أكثر من النظر.

وعندما كان كرههنّ لها يصل إلى ذروتـه، كنّ يمتنعن عن التلفّظ باسمها، وإنّما يطلقن عليها وصف الفلاحة، فلا تكترث لذلك، لأنّها فلاحة بالفعل. ويصل الصلف بشيخة وبالنساء حدًّا بالغًا عندما يعمدن إلى السخرية منها بالقول إنّها لاجئة. هي لاجئة بالفعل. لكنّ هـذا اللجوء الـذي وقـع عليها وعلى أهلها وعلى مئات آلاف الفلسطينيّين والفلسطينيّات لم يكن بيدها أو بيدهم. وعلى شيخة ونساء العائلة أن يخجلن من أنفسهن وهنّ يستخدمن هذا الوصف للإساءة إلى رسميّة أو للتعريض بها.

قلت هـذا لشيخة عندما وصلني الكلام، وطلبت منها ومن غيرها من نساء العائلة ألا يعدن إلى ترديده. وكنت أسترضي رسميّة وأقبّل رأسها وجبينها وخدّيها، وأطمئنها إلى أنّ كلام النساء هذا إنّما هو تعبير عن غيرتهنّ منها، وإلا لما تلفّظن به ولما خطر ببالهن، فتعود بعد ذلك إلى طبيعتها السمحة.

وكنت شجّعتها على ارتداء الفساتين التي تغطّي الركبة وتبقي الساقين مكشوفتين. تـردّدتْ ثم انصاعت لرغبتي، بعد أن لاحظت

انتشار هذا الزيّ في المدينة، إلا أنّه ليس منتشرًا إلى حدّ كبير في راس النبع، مع أنّ بعض النساء المتعلّمات من بنات القرية صرن يرتدين الفساتين، أسوة بنساء المدينة. وبعد تردّد لم يدم طويلاً ارتدت هذه الفساتين بعض بنات عائلتنا ممّن التحقن بالمدارس وتخرّجن فيها، وكنّ يقلن لمن يعترض سبيلهنّ من الأمّهات أو الآباء إنّهنّ يحتذين بنوال ابنة نجمة وعبد الودود، التي تقيم في المدينة وترتدي الفساتين بشكل اعتيادي.

* * *

وأخبرك يا والدي، أنّني مجتهد في تحصيل الرزق، أنهض من النوم في الصباح الباكر، أشطف وجهي بقليل من الماء، وأتناول طعام الفطور، ثمّ أحمل حقيبة البضاعة وأتوكّل على الله وأخرج إلى الأحياء البعيدة. أتوقّف أمام أبواب البيوت، وأنادي بصوت عالٍ لعلّ ساكنيها يشترون بضاعتي. تخرج النساء ومعهنّ أطفال يحاولون العبث بالبضاعة وأنا أعرضها أمام أمهّاتهم، فأصدّهم وتصدّهم الأمّهات، وهنّ منهمكات في تفقّد الملابس وتقليبها بأيديهن. يشترين لأنفسهنّ فساتين ملوّنة وشلحات وملابس داخليّة، ويشترين لأطفالهنّ بنطلونات وقمصانًا وجوارب.

ينقدنني أثمان ما يشترينه منّي فأشكرهنّ وأمضي متنقّلاً من بيت إلى بيت.

بعض البيوت لا تفتح أبوابها، ومن شبابيك بعضها تطلّ نساء غير مستعدّات لشراء الملابس من بائع جوّال، يصدرن إشارات من أيديهنّ تعني أنّهنّ غير راغبات في الشراء، فأحتمل الموقف ولا أزعل لأنّ هذا متوقّع، فليس من المعقول أن تخرج كلّ النساء للتبضّع. والصحيح أنّني أدخل في تجربة جديدة يا والدي،

وأتعرّف إلى أنماط من البشر، وأجد في الرزق الحلال متعة. لكنّني أشعر في بعض الليالي بالقلق، ولا يأتيني نوم وأنا أتذكّر الجلوس في مضافتك، نسمر ونتكلّم ونضحك ونستذكر كيف كانت فلسطين وكيف أصبحت! ونترحّم على أرواح الشهداء، ونطلب من الله الرأفة بالفلسطينيّين الذين كانوا معزّزين مكرّمين في مدنهم وقراهم ثمّ أصبحوا لاجئين.

وأتذكّر نصيحة الوالدة، مثيلة، لي بأن أخبّئ قرشي الأبيض ليومي الأسود. أنا أنفّذ نصيحتها، ولا أصرف من المال إلا ما يسدّ حاجتي إلى الطعام والكساء، والباقي أوفّره لكي أرسله لكم ولزوجتي وطفلي. وأقول لك بصراحة يا والدي، لا يأتيني نوم عندما أتذكّر فهيمة ومنّان. لكنّ هذا لا يحدث معي كلّ ليلة. في كثير من الليالي أنام مثل القتيل، لأنّني أعود من التجوال وأنا أعاني من التعب، أحطّ راسي على المخدّة وأنام إلى الصباح.

ولأنّني مشتاق لك وللوالدة فأرجو أن تتكرّم بالذهاب إلى القدس، إلى المصوّر هاكوبيان، ليصوّرك أنت والوالدة ولترسل لي صورتكما لأحتفظ بها وأقبّلها كلّ صباح. ولأنّني مشتاق لفهيمة ولمنّان، وفهمك كفاية يا والدي، فأرجو أن تأخذهما إلى المصوّر ليصوّرهما، ولترسل الصورة لي لأشاهدهما باستمرار. من هنا أرسل ألف حمل سلام لكلّ من يسأل عنّي والسلام ختام.

ابنكم المشتاق: عطوان منّان
ريو دي جانيرو 1961/12/3

4

كنت معنيًّا بمشاهدة الأفلام. وكم أحببت تمثيل مريم فخر الدين، فاتن حمامة وماجدة! وكم أحببت غناء شادية وفايزة أحمد وصباح وهدى سلطان! وقبل أن أتوظّف في المحكمة الشرعيّة رغبت في أن أصبح ممثّلاً. قلت: أذهب إلى الجامعة في مصر، وهناك أتعرّف إلى أحد المخرجين السينمائيّين وأقترح عليه أن يعطيني دورًا في أحد أفلامه.

وكنت أشتطّ في الخيال. إذ كيف يمكنني التعرّف إلى أحد المخرجين وأنا طالب مغمور؟ وكيف يمكنه الاقتناع بإسناد دور لي في أحد أفلامه؟ إلا إذا قرّرت دراسة التمثيل فيي معهد للفنون. وهنا قد يختلف الأمر، ولم أكن معنيًّا بدراسة التمثيل. كنت أعتقد أنّ من الممكن ممارسته باعتباره هواية، ودليلي على ذلك سيرة بعض الممثّلين المصريّين.

حين أصبحت موظّفًا في المحكمة تضاءلت رغبتي في التمثيل، والسبب كامن في طبيعة المكان الذي أعمل فيه، وفي ظروف أبي الماديّة التي أخذت تتردّى سنة بعد أخرى، فوجد أنّ التحاقي بأيّة وظيفة يعفيه من تدبير المال المطلوب للدراسة الجامعيّة، فوافقت على رأيه، ورضيت بالوظيفة.

وحين رحت أسجّل في دفتري الخاصّ تفاصيل ما تبوح به النساء الراغبات في الطلاق من أزواجهن، وما يبوح به الأزواج الراغبون في تطليق زوجاتهم، اعتقدت أنّني مع الزمن، ومن خلال ما يتراكم لديّ من قصص ومن تفاصيل ووقائع، سأكتب قصّة طويلة مسلسلة أزلزل بها أركان مجتمعنا الأبويّ الذي يظلم النساء، ويهينهنّ ويتنكّر لحقوقهنّ ولكرامتهن. كنت أربط بين ظلم النساء وضياع البلاد، وأقول لبعض الأصدقاء: لن نتمكّن من تحرير البلاد ما دمنا نظلم النساء.

حاولت مرّات عدّة كتابة بضعة أسطر في القصّة المنتظرة، ولم أنجز شيئًا مقنعًا، وكدت أمزّق الدفتر الذي يحوي المعلومات. في فترة لاحقة، اعتقدت أنّني أستطيع كتابة قصّة سينمائيّة لفيلم يصوّر الظلم الواقع على النساء. برزت هذه الفكرة واستقرّت في ذهني بعد مشاهدتي لعدد من الأفلام التي قامت ببطولتها مريم فخر الدين، وقدّمت فيها شتّى الأدوار، وبخاصّة دور المرأة المظلومة.

قلت: سأكتب قصّة الفيلم اعتمادًا على ما لديّ من معلومات.

وصرت دائم الانشغال في تأمّل سلوك البشر، وبخاصّة أبناء العائلة وبناتها. وقد اضطرّتني إلى ذلك المهمّة التي كلّفني بها أبي. أبي صار يكثر من التذمّر بسبب ما آلت إليه أوضاع البلاد. المخبرون يتجوّلون في الشوارع من دون أن يموّهوا حقيقتهم التي يخشاها الناس، ولربّما كانوا يتقصّدون هذا الظهور المكشوف في الشوارع وفي الأمكنة العامّة، لكي يمعنوا في إدخال الرهبة إلى النفوس. مخاوف أمّي وضحا تزداد، تستعيذ بالله من الشيطان الرجيم في كلّ حين. تقول: أنا أخاف عليك يا ولدي يا محمّد وعلى البنات والأولاد.

أخي محمّد الكبير مسجون منذ خمس سنوات، زوجته مريم تزوره بانتظام. أبي يزوره في بعض الأوقات، يعود من الزيارة مهمومًا

حزينًا من أجل محمّد الذي يفني عمره في السجون. المحامي قال له إنّ ابنه سيطلق سراحه إذا استنكر الحزب الشيوعي ونشر استنكاره في الصحيفة اليوميّة. أبي تحمّس وقال: هذي بسيطة.

أخي فليحان قال: لو كنت في محلّ أخي محمّد الكبير لاستنكرت الحزب عشر مرّات بدلاً من مرّة واحدة، وأعلنت ولائي لجلالة الملك وللنظام، ووقّعت اسمي بصراحة ووضوح تحت الاستنكار.

أبي ذهب إلى أخي وطلب منه أن يوقّع على صيغة الاستنكار التي كتبها المحامي. قال لي وهو بادي الاستغراب: أخوك يا محمّد قبض على الورقة ومزّقها وقال إنّه لن يستنكر الحزب حتى لو بقي في السجن مئة عام.

أمّي قالت: أبوك يا ولدي يا محمّد رجع زعلان، وقال يعني بدها تخرب الدنيا لو أنّه وضع توقيعه على الورقة، وخرج من السجن؟!

وقالت: أنا قلت له توكّل على الله يا منّان وما تزعل، هذا محمّد الكبير الله خلقه عنيد، وأنا هالعبدة الفقيرة توقّعت أنّ مريم رايحة تفرح لأنّ زوجها سيخرج من السجن، واللي فهمته يا ولدي يا محمّد أنّها لم تكن موافقة على ذهاب منّان ليعرض عليه الاستنكار.

وأنا قلت له يا والدي خذ الأمر ببساطة، أخي محمّد الكبير لديه قناعاته وهو مسؤول عن مصيره.

أبي قال وهو غير مصدّق ما آلت إليه الأمور: عشت وشفت يا منّان!

* * *

والدي الحبيب منّان

وصلتني رسالتكم، وسررت لأخباركم. وأدام الله أخي محمّد الأصغر الذي يسطّر رسائلك إليّ بخطّه الجميل. ألف حمل سلام منّي إليه. وشكرًا لكم يا والدي على إرسال صورتك أنت والوالدة. ذرفت دموعًا كثيرة وأنا أنظر إليها وأقبّلها. وشكرًا لكم على إرسال صورة فهيمة ومنّان، وكم اشتقت إلى منّان وأنا أرى وجهه الذي يفيض براءة! وكم اشتقت إلى زوجتي وأنا أتأمّل وجهها الجميل وعينيها الساحرتين! وفهمك كفاية يا والدي.

وسررت لأنّ أخبار أخي سلمان وكذلك أبناء العمومة في الكويت جيّدة، وأنا بالطبع أرسل لهم رسالة كلّ شهرين، لكنّ رسائل أخي سلمان شحيحة، ربّما لأنّه مشغول في محطّة البنزين، أعانه الله وحماه. والصحيح أنّني تأثّرت عندما علمت منكم أنّ أحمد ابن عمّي عبّاس لم يوفّق في العثور على عمل هناك، وبعد سبعة أشهر من الإقامة عند الأقارب الذين سبقوه في السفر إلى الكويت، حمل حقيبته وعاد إلى البلاد، وهو يردّد بعض المفردات من اللهجة الكويتيّة كما ذكرتم لي، لكي يوحي للسامعين بأنّه كان في الكويت. أحمد عبّاس أنا أعرفه، فهو لا يعجبه العجب ولا الصيام في رجب. على كلّ حال، أرسل له من هنا ألف حمل سلام. أحوالي لا بأس بها، والكلام يا والدي يطول...

ولدكم المشتاق: عطوان
ريو دي جانيرو 1962/3/7

وأنا أقول: 7 حزيران 1962، يوم له معناه في حياتي. اليوم الذي زفّت فيه سناء إليّ. سهرنا في بيتنا ثلاث ليالٍ. تجمّع أهالي راس النبع في ساحة البيت كما هي العادة في أعراسنا، وتجمّعت النساء في

إحدى غرف البيت. أضأنا لوكسات شديدة الإضاءة كنّا اشتريناها من حانوت عثمان، زوج عمّتي هيفاء. انتظم الرجال في السامر وسحجوا، وانخرط الشباب في الدبكة على أنغام الشبّابة، والنساء رقصن وغنّين. واحتشدت في فضائنا روائح الذكورة والأنوثة، والرغبة في تكثير النسل والاغتراف من متع الحياة. ورغم أنّ أخي فليحان صار من الرجال المعدودين في راس النبع بعد أن اغتنى، إلا أنّ الحنين إلى أيّام الرعي لم يفارقه. أحضر الشبّابة التي لطالما رافقته في الشعاب وهو يرعى الأغنام، وعزف عليها في ليالي العرس.

كانت سناء تعيش مع أهلها في القدس، وفي يوم زفافنا انتقلت للعيش معي في بيتنا في راس النبع. أحضرناها في موكب من السيّارات، وكنت أجلس إلى جوارها في إحداها، نزلتُ منها وفتحت لها الباب، وقدتها من يدها إلى غرفة تحتشد فيها النساء.

كان والدي مسرورًا في يوم زفافنا، ووالدتي كذلك. رقصت الوالدة وغنّت:

يوم عرسك يا محمّد
اتناعشر تاكسي باب الدار

* * *

ويا والدي، بعد أن أبوس يديك وأسأل عن صحّتك وصحّة الوالدة مثيلة والأخوة والأخوات، وبعد أن أبارك لأخي محمّد الأصغر زفافه على عروسه سناء، أخبرك بأنّني مرتاح في بيتي الصغير، وأطمئنك بأنّ علاقتي بأبناء العشيرة أحلى من السمن على العسل، إنّما كلّ واحد منّا في حاله.

والصحيح أنّ سكني في بيت خاصّ بي حرّك في نفسي الرغبة في شريكة الحياة، وفهمك كفاية يا والدي. يا الله، لو أنّني أستطيع إحضار فهيمة للإقامة معي هي ومنّان! لكنّ تكاليف المعيشة غالية هنا ولن أستطيع توفير نقود لأرسلها لكم. وبالمناسبة، فقد صرّفت ما قيمته ثلاثمائة دولار وأرسلتها على عنوانكم. أرجو أن تقبلوا هذا المبلغ منّي، وسوف تتبعه مبالغ أخرى بإذن الله.

وأخبرك يا والدي أنّني تعرّفت إلى فتاة شابّة من أهل البلاد، وهي تعمل في متجر لبيع الموادّ الغذائيّة. أذهب إلى المتجر لشراء ما يلزمني منه، ومع الوقت صارت الفتاة تعرفني، وتبتسم لي كلّما رأتني. وبصراحة، فإنّ تعرّفي إليها بريء، ولست مثل أبناء العشيرة الذين يتعرّفون إلى البنات البرازيليّات لأغراض غير بريئة، وفهمك كفاية يا والدي.

إسمها جيزيل، ولَمّا ذكرت اسمي لها ابتسمت، ثمّ نطقت اسمي بدلال: أطْوان. كدت أطير من الفرح، ولكي أعبّر عن احترامي لها دعوتها إلى بيتي. جاءت في يوم عطلتها، وقمنا بتنظيف البيت معًا، والصحيح أنّها أشعرتني بمدى قربها منّي وهي تكنس البلاط وقدماها الحافيتان غارقتان في الماء، وأنا كنت حافي القدمين.

ثمّ تناولنا معًا طعام الغداء. ويا والدي، جيزيل تهديك ألف حمل سلام، وأنا أهدي ألف حمل سلام إليك وإلى والدتي وإلى الأهل والأقارب، والسلام ختام.

ابنكم المشتاق: عطوان منّان العبد اللات
ريو دي جانيرو 1962/7/15

ذات مساء، بعد وصول رسالة من أخي عطوان، خطرت ببال أبي فكرة، تدلّل على أنّه ما زال محبًّا للمزاح. قال: من يوم أن سافر عطوان إلى

البرازيل، وصلنا منه ألف دولار. وقال: حاول يا محمّد أن تحسب كم ألف حمل سلام وصلنا منه؟

ضحكتُ وضحكت أمّي وضحا، وبعد الضحك استعاذت بالله من الشيطان الرجيم، لخوفها من أن يعقب هذا الضحك شرّ كامن في مكان ما.

* * *

ويا والدي، لا أخفي عليك أنّني صرت منذ أسابيع راغبًا في الزواج من جيزيل. صرت أراها في المنام كلّ ليلة. أحمل الحقيبة وأمشي إلى الأحياء البعيدة، فأراها وهي تمشي معي. ولا أخفي عليك: في هذه البلاد شباب من بلادنا يهدرون ما يتوفّر لديهم من مال على أمور بطّالة، وعلى ملاحقة النساء البرازيليّات، وأنا لا أرغب في اتّباع مثل هذا السلوك، ولا أريد أن أستغيب أبناء العشيرة هنا، وفهمك كفاية يا والدي. فأرجو أن تُطمئن زوجتي فهيمة بأنّني لن أنساها، وستظلّ لها مكانتها في قلبي، وعندما أعود إلى البلاد فسوف تكون هي زوجتي المحبوبة مثلها مثل جيزيل. فليطمئنّ بالها، وأملي فيها كبير بأنّها ستربّي ابننا منّان أحسن تربية.

من عندي جيزيل تهديكم ألف حمل سلام، وأبناء العشيرة يهدونكم ألف حمل سلام، ولكلّ من يسأل عنّا في طرفكم ألف حمل سلام.

ابنكم المشتاق: عطوان
ريو دي جانيرو 1962/10/15

لم يعترض والدي على رغبة عطوان في الزواج بامرأة ثانية. تلك مسألة غير مستغربة بالنسبة له، وهو يشجّع عليها، ويجد فيها تعزيزًا لمكانة العائلة. لكنّه، هذه المرّة، وازن بين زواج عطوان وبين فرص تلقّي النقود منه، فوجد الموازنة مختلّة وفي غير صالحه، وأدرك أنّ النقود لن تأتي، وإنْ أتت فلن تكون سوى دولارات قليلة. مع ذلك، احتمل الأمر وقال لي: اكتب له يا محمّد، وأخبره بأنّني أبارك له هذا الزواج.

* * *

والصحيح يا والدي أنّ عرسنا كان من أجمل الأعراس. ولم أسرف في تبذير الأموال، لأنّني مهتمٌّ بتوفيرها وإرسالها لكم. دعوت أبناء العشيرة إلى العرس، ودعوت بعض الأصدقاء من الفلسطينيّين والعرب. دعت جيزيل أهلها وبعض صديقاتها وأصدقائها. وكنت استأجرت قاعة أقمنا فيها العرس، وفي القاعة جهاز تسجيل للأغاني. صدحت الموسيقى وانطلق الغناء. رقصت صديقات جيزيل مع أزواجهن، ومن لا زوج لها رقصت مع صديق أو أي شخص من المدعوّين. كانت البهجة واضحة على وجوه الجميع، وكنت أنا في غاية السرور.

أبناء العشيرة رقصوا مع البرازيليّات، وأثناء ذلك كانوا يمزحون معهن، يضحكن ويضحكون، وفهمك كفاية يا والدي. ثم غنّوا معًا بعض الأغاني باللغة البرتغاليّة، وغنّوا بعض الأغاني الفلسطينيّة التي أعجبت المدعوّين والمدعوّات. أنا لم أرقص إلا مع جيزيل. قدّمت لكلّ من حضر العرس وجبة طعام، وعند منتصف الليل غادرنا القاعة. عدت أنا وجيزيل إلى بيتنا. إنّه بيت صغير يا والدي، لكنّه يتّسع لنا نحن الإثنين.

من هنا، أرسل لك ولكلّ من يسأل عنّي ألف حمل سلام. وجيزيل ترسل لك ألف حمل سلام، ومنّي ومنها لوالدتي ألف حمل سلام.

ابنكم المشتاق: عطوان
ريو دي جانيرو 1962/12/20

فتحت دفتري وألقيت نظرة على الوقائع التي دوّنتها، وبعد التدقيق والتمحيص اخترت من بين الوقائع الكثيرة ما جرى لتلك المرأة الشابّة التي عانت طويلاً قبل أن تظفر بالطلاق من زوجها اللئيم. وحالما ارتسمت في ذهني كلمة «اللئيم» تخيّلت أنّ توفيق الدقن هو الذي يمكنه أن يقوم بالدور، وسوف يشكرني على هذه الثقة التي أضعها في موهبته، لأنّ أدواره التي شاهدته فيها لم تصل مرتبة البطولة الأولى. هذه المرّة سيكون هو بطل الفيلم. وبالطبع، ستكون البطلة من دون أيّ تردّد، ممثّلتي المحبوبة مريم فخر الدين (ستفرح مريم زوجة أخي محمّد الكبير حين أخبرها بأنّني أكتب دورًا يليق بموهبة ممثّلة تتشابه معها في الاسم، وهي منحدرة من أب مسلم وأمّ مسيحيّة. وهنا سبب آخر للفرح قد يذكّر مريم بتجربتها هي وأخي محمّد الكبير في الزواج).

المشكلة كما دوّنتها في دفتري أنّ شابًّا يعمل في حانوت للأدوات المنزليّة تزوّج بابنة اللحّام، صاحب الملحمة المجاورة للحانوت. البنت آدميّة ومستورة وبنت ناس. كان الشابّ، ولنصطلح على أنّ اسمه سفيان (الاسم الحقيقي موجود لديّ في دفتري) يرى فاتن (الاسم الحقيقي مدوّن لديّ) حين تأتي إلى حانوت أبيها. وهي على قدر غير قليل من الجمال. سفيان يزداد إعجابًا بها يومًا بعد يوم. انتبهت فاتن إلى أنّ سفيان يديم النظر إلى وجهها الصبوح كلّما رآها، فأبدت إعجابًا به، وتغلغل الحبّ في قلب الفتى والفتاة. تزوّجها على

سنّة الله وسنّة رسوله. وانتظر سفيان ثلاث سنوات ولم تنجب له فاتن طفلاً.

كان سفيان يشتاق إلى أن يكون له طفل. وكانت أمّ سفيان ووالده يلحّان عليه بضرورة عرض زوجته على طبيب لمعرفة أسباب تأخّرها في الحمل. أثبت الطبيب أنّ فاتن عاقر. أصيب سفيان بخيبة أمل وبدأ حبّه لها يتناقص بالتدريج. وفي الوقت نفسه، كان أبواه يلحّان عليه بضرورة الزواج بامرأة ثانية. انصاع لرغبة والديه. وقبلت فاتن قدرها وعاشت مع الضرّة خمس سنوات، عرفت أثناءها الذلّ والمهانة. ولدت الضرّة ثلاثة أولاد، وصار من واجب فاتن أن تسرع إليهم كلّما بكوا أو اشتكوا. أخيرًا لم تعد قادرة على الاحتمال. طلبت الطلاق وجاءت إلى المحكمة، وحمدت ربّها عندما ظفرت بحرّيّتها، وعادت إلى بيت أبيها تعيش حياة لا تخلو من المنغّصات، إلا أنّها أقلّ بكثير ممّا عانته في بيت زوجها.

صرت أمضي ليالي طويلة وأنا منكبّ على الكتابة، حتى إنّ سناء كانت تتذمّر منّي في بعض أوقات الليل. تنام وحدها في السرير وأنا منزوٍ في صالة البيت، أفرد أوراقي أمامي وأكتب من دون توقّف، ثم أعيد قراءة ما كتبته فلا يعجبني، أمزّق الأوراق وأعود إلى الكتابة من جديد. وقد تأرّقت بخصوص اللغة التي ستنطق بها شخصيّات الفيلم. هل أستعين بالفصحى أم باللهجة العاميّة المصريّة؟ أنا في الحقيقة منحاز إلى اللغة الفصحى لأنّني صاحب نزعة قوميّة ولا أرغب في انتشار اللهجات القطريّة التي قد تسهم في تفسيخ الأمّة، وتعيق مشروع الوحدة العربيّة الذي يشتغل عليه الآن القائد جمال عبد الناصر.

وحين كنت أتصوّر توفيق الدقن وهو يؤدّي دوره بالعربيّة الفصحى، أصاب على الفور بالتردّد، لأنّني لا أضمن ألا يرتكب هذا

الممثّل أخطاء لغويّة تفسد جمال اللغة وتشوّه معنى الحوار. ولكن، لماذا لا أثق في قدرة توفيق الدقن على أداء دوره بالعربيّة الفصحى، وهو الممثّل القدير؟ كيف أسمح لنفسي بالحكم عليه من دون بيّنة أو دليل؟ ثم قلت محاولاً إقناع نفسي بعدم التشدّد في موضوع اللغة: عبد الناصر نفسه، وهو أكبر داعية للوحدة، يلقي خطبه المطوّلة باللهجة العاميّة المصريّة. وفي هذه الحالة لا خوف على اللغة العربيّة الفصحى. ستغتني بشكل أو بآخر باللهجات المحلّيّة.

اتّخذت قراري ورحت أكتب الحوار باللهجة العاميّة المصريّة. كتبت حوارًا على لسان مريم فخر الدين، وقرأته على سناء. أصغت سناء للحوار، وبعد دقائق ضحكت وقالت: هذا اسمه حوار يا محمّد؟ وإلا ماذا تعتبرينه يا سناء؟ هذا صفّ حكي يا محمّد. الله يسامحك يا سناء. ولم أواصل القراءة، وكدت أصاب بالإحباط وبالإقلاع عن كتابة الفيلم.

وذات صباح، لدى نهوضنا من النوم أنا وسناء، قالت لي إنّها لم تنم في الليلة الفائتة إلا على نحو متقطّع. أخبرتني أنّني كنت طوال الليل مع مريم فخر الدين، أكلّمها باللهجة المصريّة. كدت أصاب بالإحباط مرّة ثانية. وقرّرت التوقّف عن الكتابة إلى وقت آخر لعلّني أنسى اللهجة المصريّة ولا أعود إلى إزعاج سناء بأحلامي المعلنة التي قد تورّطني، خصوصًا أنّها تعرف كم أنا معجب بتمثيل مريم فخر الدين وبجمالها ورقّتها ونعومة صوتها!

قلت: أقلب الموجة إلى حين.

راقبت من بعيد الانتخابات البرلمانيّة لعام ثلاثة وستين. جاءت هذه الانتخابات في فترة عصيبة. النشاط السياسي في البلاد ممنوع، والسجون تمتلئ بمئات المعتقلين السياسيّين. أخي محمّد الكبير معتقل في سجن الجفر الصحراوي. ولم يعلّق أحد ممن يتابعون الشأن السياسي في القدس أملاً على مجلس النواب الذي ستسفر

عنه الانتخابات، مثلما لم يعلّقوا أملًا على الانتخابات التي جرت قبل سنتين. كان أكثر المرشّحين، هذه المرّة كما في المرّة السابقة، من وجوه العشائر التي تحاول أن تنعش دورها بعد أن أخذته منها الأحزاب السياسيّة في فترة الخمسينيات، ومن التجّار ذوي المصالح التجارية الكبيرة، وبعض وجهاء الريف، والموالين للحكم ومن بينهم أخي فليحان.

حاول أخي أن يزجّ بي في معركته الانتخابيّة، للترويج له ولإلقاء الخطب في التجمّعات التي تحتشد أمامه بتدبير من بعض الوسطاء الذين تلقّوا أموالاً منه. طلبت منه أن يعفيني من هذه المهمّة لأنّ عملي في المحكمة الشرعيّة لا يتيح لي حرّيّة التجوال معه لإلقاء الخطب. وادّعيت بأنّ رئيس المحكمة نصحنا بعدم الزجّ بأنفسنا في أتون الدعاية الانتخابيّة للمرشّحين.

هزّ أخي رأسه، وقال: سأنجح في الانتخابات غصبًا عنك وعن رئيس المحكمة.

وعدته بأنّني سأنتخبه، ولم أكن جادًّا في كلامي، لأنّني سأخون ضميري إن انتخبت مرشّحًا سبق له أن باع الحليب المغشوش للناس قبل أن يغتني. كان يخلطه بالماء، ثم صار يشتري مسحوق الحليب الجاف، قليل الدسم الذي كانت توزّعه وكالة غوث اللاجئين على المخيّمات، يشتريه بأسعار رخيصة ثم يخلطه بحليب الأغنام، وصار يشتري طحين الوكالة الأبيض، يخلطه باللبن الجميد ويبيعه للناس. ثم اشتغل في تهريب الحشيش. ذهبت إلى صندوق الاقتراع ووضعت فيه ورقة بيضاء. ذهب أبي إلى مركز الاقتراع وانتخب ابنه، لأنّه كان معنيًّا، كما قال لي، بأن يكون له ابن في البرلمان.

بعد أسابيع من التوقّف عن الكتابة، قلت لسناء:

– سأكتب الحوار باللغة الفصحى.

قلت وأنا أكرّر شكوكي: سأقترح اسمًا آخر غير توفيق الدقن (رغم تقديري لموهبته) للقيام بدور البطولة. لأنّني لا أثق في أنّه لن يَلحَن حين يؤدّي حصّته من الحوار.

فكّرت في فريد شوقي، ثمّ تردّدت. اعتقدت أنّه لا يمكن أن يقبل بهذا الدور الذي يمثّل زوجًا معاديًا للنساء. وقلت لسناء: أتوقّع أنّ هدى سلطان تعيش حياة سعيدة مع فريد شوقي، ويضمّهما عشّ الزوجيّة بكلّ حنان، ولهذا فهي تغنّي أغانيها بصوت فتّان، أو هذا ما أعتقده، وهي تدخل البهجة إلى قلبي كلّما صدح صوتها بالغناء، خصوصًا أغنية: «إن كنت ناسي أفكّرك، يا ما كان غرامي بيسهّرك». ثم قلت: وجدت الممثّل الذي يمكنه أداء الدور. إنّه شكري سرحان. هذا ممثّل قادر على تلوين وجهه بشتّى الانفعالات.

سألتني سناء:

– ومريم فخر الدين، هل تستبدل بها ممثّلة أخرى؟

– لا، لا، إلا مريم فخر الدين.

ابتسمت سناء وقالت بشيء من الاستخفاف:

– طيّب تعال، تعال إلى مائدة الطعام.

تناولنا طعام الغداء، وكانت مريم فخر الدين معنا على المائدة.

كادت العلاقة تتأزّم بيني وبين سناء. قالت: صرت تحلم بالفصحى وبصوت جهير. وقالت لو أنّني بقيت أحلم باللهجة المصريّة لكان الأمر أقلّ إزعاجًا. فقد اعتادت أن تسمع صوتًا هامسًا مثل زقزقة العصافير، وضحكات. الآن، مع اللغة الفصحى اختلف الأمر، صارت تسمع خطبًا مجلجلة وأبياتًا من الشعر العمودي وأقوالاً مأثورة تركها السلف الصالح ليكون لنا فيها نحن الأحفاد عبرًا وعظات. قالت: أكون إلى جانبك في السرير، فأنسى نفسي وأرى أنّني في معهد لتدريس اللغة. قالت: حتّى مريم فخر الدين سمعتها تبدي تذمّرها من كلامك

ومن الدور الذي أسندته لها ومن حصّتها في الحوار. سمعتها تقول: خفّ عليّ يا حمادة. إيه الكلام المجعلص ده اللي انته كاتبه يا اخويا؟

ذهلت من أمرين: كيف ظهرت مريم فخر الدين بصوتها في حلمي؟ وكيف استمعت إليها سناء وهي تتكلّم بكلّ هذه الصراحة؟ ثمّ ما معنى كلمة المجعلص هذه؟ كلمة أوقعتني في إحباط. هل ما أكتبه كلام مجعلص؟ خجلت من نفسي وبقيت أيّامًا عدّة أحاول الاستعانة بسناء لعلّها تفسّر لي معنى هذه الكلمة، فلم تسعفني بأيّ تفسير. بل إنّها تقصّدت أن تبقي الكلمة مثل لغز محيّر لسبب ما.

أخيرًا، أفصحت عن موقفها من دون مجاملة أو مداورة. قالت: إن كنت مصرًّا على مواصلة الكتابة بالفصحى أو بالعاميّة المصريّة، فيمكنك مواصلة ذلك، والتمتّع بأحلامك الورديّة ولكن في غرفة أخرى في هذا البيت، وفي سرير آخر.

أدركت أنّ الأمور وصلت ذروة قصوى. وكنت بين خيارين: أن أستمرّ في الكتابة، مع غصّة من الكلمة التي قالتها مريم فخر الدين في الحلم، أو أن أتوقّف عن الكتابة فلا أعود أحلم بها وبالفيلم، لأظفر بالنوم في سرير زوجتي.

فكّرت بعض الوقت ثم حبّذت الخيار الثاني، وأخبرتها بذلك.

* * *

ويا والدي الحبيب، أكتب إليك وأنا أتعجّب كيف لم تترك نساء العشيرة الثرثرة حتّى الآن! وصلت رسالة إلى أحد أبناء العشيرة من أهله، جاء فيها أنهنّ لا يجدن متعتهنّ إلا في استغابة جيزيل، وفي التعرّض لي بالذمّ والتشهير. يقلن من دون ذوق ولا حياء إنّها لم تكن عذراء عندما تزوّجتها. يقلن إنّ شيطانًا نام معها، من

قبل أن أعرفها، عندما رآها تمشي في الشارع وهي ترتدي بنطالاً قصيرًا يغري بكلّ الموبقات!
والسؤال: من أين لهنّ مثل هذا الكلام؟ ومن طلب منهنّ أن ينصّبن أنفسهنّ وصيّات على سلوك جيزيل، وعلى ما ترتديه من ملابس؟ وأنا يا والدي لا أريد أن أعلّق على هذا الموضوع. فهذا شأن شخصيّ يخصّ جيزيل ويخصّني، ولست ملزمًا بأن أقدّم تقريرًا لنساء العشيرة عن ماضي جيزيل وحاضرها، ولا لنيل البركات منهن. ولم أكن ملزمًا بالخروج بمنديل أبيض عليه دم جيزيل ليلة أن اختليت بها في مخدع العرس. لم يطلب أحد منّي ذلك، حتّى أهلها لم يطلبوه، ولم يطلبه أحد من أبناء العشيرة الموجودين معي هنا في البرازيل.
ولذلك، أرجو أن تلزم نساء العشيرة الأدب عند التحدّث عن جيزيل التي أصبحت واحدة من نساء عشيرة العبد اللات.
من عندنا أهديك ألف حمل سلام. وجيزيل تهديكم ألف حمل سلام، والسلام ختام.

ابنكم المشتاق: عطوان منّان
ريو دي جانيرو 1964/9/10

بعد قراءتي للرسالة وأبي يستمع إليّ، حكّ صدغه لمدّة دقيقة، ولم يبح بأيّ كلام. تناول الرسالة منّي وأخفاها في جيبه، ولم يتركها معي مثلما كان يفعل مع رسائل عطوان السابقة ثم قال لي:
– هل تحفظ السرّ يا محمّد؟
قلت:
– السرّ في بير يا أبي.

لم نطلع أحدًا من أبناء العائلة، ولا من نسائها على ما ورد في رسالة أخي. طلب أبي منّي أن أردّ على ما ورد في الرسالة بكلام عامّ، كأن أكتب له: لا تقلق، وإن شاء الله لن يكون بينك وبين نساء العشيرة إلا كلّ خير.

هزّ رأسه وقال بما يشبه الهمس:

– خلّ المركب ساير يا ولدي.

أومأت برأسي تأييدًا لكلامه. وأدركت أنّه ما زال يتحلّى بالحكمة. وهي سمة من سمات عقلاء العشائر عندما تكون عشائرهم أمام معضلة.

تلك الليلة، نمت في ساعة متأخّرة. كانت سناء تنام ملء جفنيها. رأيت أبي يقف على مرتفع من الأرض، يطلّ منه على راس النبع. يرى أشياء كثيرة لا تروقه. يبتلع ريقه من غصّة ويشيح بوجهه ويظلّ ماشيًا، حتّى اعتقدت أنّه سيصعد إلى السماء. ورأيت أمّي وهي تراه في المنام وتقول له: ما لك ساكت يا منّان؟ وهو يقول لها: السكوت علامة الرضى يا وضحا. وأنا تساءلت في المنام: أيّ سكوت هذا الذي يتحدّث عنه أبي، وأيّ رضى؟ ورأيت أخي فليحان يفضي بما في قلبه ويقول: أنا رأيته وهو يصعد الجبل، وقلت منيّة الوالد اقتربت، وإن اختاره الله إلى جواره فسوف أحزن عليه، لكنّني سأصبح مختار العشيرة بعده، لأنّني لا أعتقد أنّ أخوتي الآخرين يطمعون في منافستي على هذا الموقع. وسمعت فليحان يقول: أبي يضع ثقته في محمّد الأصغر، ولا أعتقد أنّ محمّد الأصغر يفكّر بأن يصبح مختارًا للعشيرة. محمّد الكبير كذلك لا يفكّر في ذلك، وهو لا يكاد يغادر السجن حتّى يعود إليه من جديد. ومحمّد الصغير منهمك في العبادة وفي دعوة الناس إلى الدين الحق. وبقيّة أخوتي منصرفون إلى أشغالهم. وسأكون أنا المختار، والحكومة التي تجتمع في عمّان

ستوافق على إشغالي موقع المختار، وهي تعلم أنّني كنت أطمح إلى دخول مجلس النوّاب. وسأخدم، أنا الشيخ فليحان منّان العبد اللات أهلي وعشيرتي وأبناء راس النبع، وسيقول القاصي والداني، مثل المختار فليحان ما شفنا ولا رايحين نشوف. وأنا خطر ببالي أن أحتجّ في حلمي على حلم أخي فليحان، إلا أنّني وجدتني غير قادر على الكلام. ثم رأيت أبي يعود من قمّة الجبل كما لو أنّه قرّر أن يواصل رحلة الحياة. ناديته، ولم يسمعني. انضمّ إليّ أخي أدهم وصرنا نناديه معًا، ولم يتوقّف ولم يردّ علينا، وبقينا نناديه إلى أن استيقظت من النوم، ولم يكن أخي أدهم معي. قلت لسناء التي نهضت قبلي من السرير: لم يكن نومي مريحًا وسأتعب كثيرًا هذا النهار.

تذكّرت حلمي، وتذكّرت أنّ أخي أدهم ظلّ معجبًا بنوال منذ أن رآها في السوق مع زميلاتها الطالبات أوائل الأربعينيات وهنّ يقمن برحلة داخليّة في المدينة. صار يحلم بها ويرغب في التقرّب منها. يغادر الفندق الذي يعمل فيه، ويذهب للتسكّع في أسواق المدينة وصورتها لا تفارق خياله. صار من عادته أن يتلفّت في كلّ اتّجاه حينما يمشي في الأسواق، لعلّه يلتقيها بالصدفة مثلما التقاها أوّل مرّة.

كان يذهب كلّما دهمه الشوق إلى المكان الـذي رأى فيه نوال، يتوقّف هناك مثل متعبّد خاشع، يتأمّل تفاصيل المكان، ويرى المحبوبة في كلّ تفصيل. ثم يجتاز الطريق نفسها التي مشتها نوال مع تلميذات المدرسة. وحين لم يجدها، ظلّ يسأل أبناء العائلة ونساءها عن المدرسة التي تتعلّم فيها. عرف اسم المدرسة، وصار يذهب إليها بحثًا عن نوال. انتظر مرّات عدّة على مقربة من البوّابة الكبيرة وهو يراقب جموع التلميذات الخارجات منها مثل أمواج البحر.

كانت عيناه تزوغان ولا يستطيع التمييز بين تلميذة وأخرى، فهنّ جميعًا متشابهات باللباس الأزرق الموحّد وبالوجوه الجميلة

والشعر المنسدل على الأكتاف، فكيف يمكنه تمييزها من بينهنّ وهو لم يرها سوى مرّة واحدة في الزيّ المدرسي؟ عاش أيّامًا كلّها لوعة وانتظار، ولم ييأس من وصل المحبوبة المشتهاة. أخيرًا، صمّم على الذهاب إلى مديرة المدرسة. دخل مكتبها، وقال إنّه يرغب في مقابلة ابنة عمّه، لكي يبلّغها رسالة من العائلة. تأمّلته المديرة وقاسته بنظراتها من فوق إلى تحت ومن تحت إلى فوق، ساورها الشكّ بأنّ هذا الشابّ يضمر شرًّا للبنت. ثمّ ما يدريها أنّه ابن عمّها بالفعل؟ طلبت منه الجلوس، وأرسلت في طلب نوال. جاءت بطولها الفارع وجسدها الجميل. ارتعش قلب أدهم وهو يراها مقبلة نحوه. وقف لاستقبالها، اقتربت منه وسلّمت عليه. شعرت المديرة باطمئنان، ولَمّا استوثقت من أنّه ابن عمها. قالت له: تفضّل، بلّغ رسالتك.

ارتبك أدهم، وقال: والدي منّان مشتاق لك ولأهلك، طلب منّي الاتصال بك لكي تأتي أنت والأهل لزيارة راس النبع.

هزّت نوال رأسها مستغربة وقالت: عمّي منّان كان في بيتنا قبل أيّام، ولم يكن في حاجة لإرسالك لتبليغ رغبته هذه.

احمرّ وجه أدهم، وعادت الشكوك تتبدّى في عينيّ المديرة. ولم يجد من حيلة يستر بها وجهه سوى القول: الصحيح، والدي كان طلب منّي الاتصال بك قبل قدومه إلى بيتكم، وأنا تأخّرت في تبليغ الطلب.

أدركت نوال قصد أدهم من قدومه إلى المدرسة، هزّت المديرة رأسها وقالت: انتهى اللقاء.

عادت نوال إلى صفّها، وغادر أدهم المدرسة، ولم يتوقّف عن ملاحقتها. ترصّدها كثيرًا واستطاع أن يراها عددًا من المرّات. يقترب منها ويحادثها ويبدي تجاهها مشاعر دافئة.

كانت أمّي تقول: أدهم شاب مليح، ونوال بنت مزيونة ومتعلّمة، والواحد منهما يليق بالثاني، هذا حكمي أنا وضحا بنت عبد

الهادي. وكان أبي يستمع إلى كلامها فيعجب به، ما شجّعه على طلب يد نوال لأخي أدهم.

ولم تكن نوال تفكّر فيه. رغبت في استكمال دراستها في المدرسة، ومن ثمّ الحصول على وظيفة. قالت: أحببت مهنة التدريس من يوم أن كان الشيخ عبد القادر يكلّفني بأن أنوب عنه في ضبط التلاميذ والتلميذات، وتحفيظهم الأناشيد.

زوجة أبي مثيلة ونساء أخريات اتّهمن نجمة بأنّها هي التي حرّضت ابنتها على رفض أدهم. نجمة قالت: أنا لم أحرّضها على رفضه. هذا كان رأيها.

بعد رفض نوال له، صار أخي أدهم أقرب إلى التهتّك والاستهتار بالقيم والعادات المتعارف عليها بين الناس في راس النبع. صار يحتسي الخمرة في وضح النهار، وواصل عمله خادمًا في فندق بالمدينة، وقيل إنّه أقام علاقات عابرة مع السائحات الأجنبيّات. ثم سافر إلى هولندا. قال لي: نعم، سافرت إلى هناك لأنّني كرهت هذه البلاد وأهلها.

جاءت سائحة إلى القدس وأقامت في الفندق الذي يعمل فيه. دخل عليها لكي يرتّب السرير وينظّف الحمّام اعتقادًا منه أنّها غادرت الغرفة. أعجبها قوامه ووسامته، ورأت فيه شرقيًّا أصيلاً. قالت إنّ اسمها كلوديا ودعته لاحتساء كأس من النبيذ.

كان ينتظر فرصة مثل هذه. وعدته كلوديا بأن تمكّنه من السفر إلى أمستردام. راقه الوعد ولم يعد يتحكّم في صوته إرضاء لها. قالت إنّها تحبّ أن تسمع صهيله الرنّان.

أقام معها في أمستردام، وبقي هناك سنوات، ظلّ يصهل أثناءها وهي مستمتعة بصهيله. انقطعت أخباره عنّا، ولم يرسل أيّة رسالة إلى أبي. ظلّ أبي يتألّم ويتحسّر ويتمنّى ألا تحضره المنيّة إلا وهو مطمئنّ

على ابنه ذي الأذنين الطويلتين الشبيهتين بأذنيّ حصان. وكنت أرى في انقطاع أخباره دليلاً على الصعوبات التي تعترض المهمّة التي أنيطت بي.

أخبرني أدهم حين عاد بأنّ الملل أصابه بعد وقت، ولم يعد راغبًا في مواصلة الصهيل على مسمع من كلوديا. ضبطته مع امرأة أخرى، غضبت منه ونبذته. واصل أخي تهتّكه ولم يعد قادرًا على احتمال الغربة. ولم يجد له مخرجًا منها سوى العودة إلى البلاد.

اشتغل في الفندق القديم الذي كان يعمل فيه من قبل. كان يأتي إلى راس النبع في الإجازات ولا يلتقي إلا قليلاً بأبناء العائلة. لاحظت أنّه متأثّر بطباع الأجانب. ولم أكن ألتقيه إلا لدقائق معدودات، ثم أتركه لتحقيق رغبته في الانزواء.

5

في زمان غير متوقّع، ماتت عمّتي معزوزة. ماتت أثناء حرب 1967. في اليوم الثالث للحرب ماتت. جاءت لزيارة الأهل في راس النبع قبل نشوب الحرب بأيّام، ثمّ أصابها مرض مفاجئ، ولم تستطع العودة إلى بيتها في مأدبا. زوجها صايل لم يأت معها، ولم نتمكّن من إخباره بموتها. تعطّلت وسائل الاتصال. ولم نتمكّن من دفنها في مقبرة راس النبع. فهي واقعة في مرمى نيران العدو. دفنّاها على عجل في فسحة ممتدّة في الحي، قريبًا من المكان الذي أقيمت عليه مضارب الغجر، أصهار أخي وطّاف. دفنّاها من دون أن نرتّب لها جنازة أو نفتح لها بيت عزاء.

نساء العائلة غسلن جسدها وعطّرنه وجدلن شعرها الطويل. الجسد ما زال محتفظًا ببقايا نضارة تتحدّى الموت. شعرت بألم في الصدر ثم ارتمت في الفراش وغابت عن الوعي. ارتبكت أمّي واستنجدت بنساء العائلة اللواتي هرعن إليها، رحن يتوسّلن إلى الرسل والأولياء أن يتصدّوا للشرّ المتربّص بعائلة العبد اللات، وأن يقصوه عنها نحو الجهات البعيدة. بخّرنها ودلّكن يديها وساقيها. كم أحبّها صايل! كان يتحدّث عن إعجابه بجسدها من دون مواربة. نساء

العائلة يعرفن، وكذلك رجالها، أنّه كان يركع وهي تتعرّى أمامه، ثم تنثر شعرها الطويل على جسدها، فلا يعود يظهر منه إلا الساقين ومساحة صغيرة من الفخذين.

والدي منّان تأسّى على أخته. بكى في السر، ولم يلحظه أحد وهو يبكي سوى أمّي وضحا. طلب من ربّه أن يسامحه، إذ ربّما شعر في لحظة الفراق أنّه كان قاسيًا بعض الشيء على أخته المتوفّاة. أمّي قالت إنّها ماتت من الحسد، ولم تضف إلى كلامها أيّ كلام.

حين بدأ القتال في اليوم الأوّل للحرب كنت أنا وزملائي مداومين في المحكمة الشرعيّة، ولدينا عدد من قضايا حصر الإرث والطلاق. كانت قاعة المحكمة تغصّ بالناس، ولَمّا سمعوا صوت إطلاق الرصاص تركوا قضاياهم خلفهم وغادروا المحكمة، ما عدا زوجة وزوجها وعددًا من أهله وأهلها ظلّوا يلحّون على القاضي بأن ينظر في أمر طلاق الزوج من زوجته. طلب القاضي تأجيل القضيّة إلى أن تنتهي هذه الحرب. ادلهمّ وجه الزوجة وكذلك وجه الزوج، وغادرا قاعة المحكمة ليعيشا معًا فترة أخرى لا أعلم مقدارها، أو لتعيش هي عند أهلها زمنًا في انتظار الطلاق، أو في انتظار فرصة لتحسّن مزاج الزوج، فلا يمعن في طلب الطلاق، أو لعلّه راغب في تحسّن مزاجها فلا تلحّ على طلب الطلاق. بقي الأمر مبهمًا من دون أن أعرف تفاصيله أو خفاياه.

نظرنا نحن الموظّفين في وجوه بعضنا بعضًا، ولم نكن في حاجة إلى كلام. قال رئيس المحكمة: لنخرج إلى بيوتنا وليكن النصر حليف هذه الأمّة.

لاحظنا من لهجته أنّه متفائل، كما لو أنّ النصر أصبح في جيبه أو بين يديه.

ولم تسلم نجمة وعمّي عبد الودود من الهوان الذي تسبّب فيه سقوط الجزء الشرقي من القدس في أيدي الغزاة. تعرّض حيّ

المغاربة الذي يقيمان فيه للهدم والتجريف، فاضطرّ عمّي وزوجته إلى مغادرة الحيّ والعودة إلى بيتهما في راس النبع. كانت نجمة تخرج من البيت بفستانها المشجّر وشعر رأسها مكشوف، تقف عند قرنة البيت وترسل نظرها نحو القدس. ترى كنيسة القيامة ببنائها الرصين، وترى قبّة الصخرة بلونها الذهبي، تتنهّد كأنّها تتحسّر على الأيّام التي قضتها هناك على مقربة من المسجد الأقصى، حيث يقع حيّ المغاربة الذي عاشت فيه سنوات. تطيل النظر نحو القدس، ثم تعود لتغلق الباب عليها في بيتها، فكأنّها لا تريد أن تكلّم أحدًا، ولا أن يكلّمها أحد.

كانت نساء العائلة كلّما شاهدنها بفستانها المشجّر يسخرن منها في ما بينهن، يتبادلن الهمس قائلات: طلعت المدنيّة، طلعت الست، صارت تتكبّر علينا، وما عدنا على قدر المقام.

وكنّ يضحكن بأصوات مفضوحة، ثم يسارعن إلى فتح ملفّها وملفّ ابنتها نوال، ليبدأ طقس الاستغابة الذي يعشقنه. يزعمن أنّ الشياطين يركضون في أثرها للنظر إلى أسفل جسدها من ثنايا فستانها الذي لا يكاد يغطّي ركبتيها، وأنّهم يسبقون عمّي عبد الودود في الوصول إليها، ثم يتندّرن على عمّي الذي تتحكّم نجمة فيه مثلما تريد، ويقلن إنّها تركبه في الليل وتسوقه بالعصا في النهار. يواصلن الضحك، وتدرك نجمة أنّهن يقصدنها بضحكهن. قالت أمّي إنّها شاهدتها غير مرّة وهي تبكي. كانت تخفّف من ألمها وتحاول تسليتها بسرد بعض الأخبار عن البرّيّة التي ولدت فيها نجمة، وعاشت فيها زمنًا.

وكان أخي محمّد الكبير غادر السجن بعد ثماني سنوات. كان ذلك قبل هزيمة سبعة وستّين بسنتين، ثم ما لبث أن عاد إليه بعد أقلّ من سنة. وحين وقعت الهزيمة كان في السجن. نجلس للسمر في الليالي الطوال، وتلقي أمّي اللوم عليه. تقول: ألومه وأعتب عليه،

لأنّـه ضدّ الحكومات، ومش رايح يخلص من شرّها، ومن واجبه أن ينتبه لنفسه.

اعتقدت أمّي أنّ كلامها هذا يلقى تجاوبًا من مريم، زوجة أخي. وفي الحقيقة، كان العكس هو الذي يحدث. تُفاجأ أمّي من موقف مريم، فتلوي شفتيها وتقول: الحقّ علي.

ولم يعرف أخي محمّد الكبير عن موت العمّة معزوزة، إلا بعد أسبوعين عندما تمّ إطلاق سراحه هو وغيره من المعتقلين السياسيّين الذين كانوا محتجزين في الزنازين. غادرها وبقي ينتظر فرصة لاجتياز النهر الذي أصبح تحت سيطرة المحتلّين. اجتازه بمجازفة، وجاء متسلّلاً إلى بيته في القدس. وجد مريم في انتظاره، ووجد ابنه عمر. احتضنهما، ثم ترحّم على عمّته المتوفّاة.

بكت أمّي عندما جاء هو ومريم وعمر إلى بيتنا في راس النبع. سلّمت عليه، وقبّلت جبينه وهي تتذكّر كم كان أبي قاسيًا عليه! والدي وهو يحتضن ابنه الكبير، دمعت عيناه. عانقته أنا وتأمّلته باحترام، وعجبت بيني وبين نفسي كيف استطاع أن يبقى في السجن من دون أن تضعف عزيمته أو تهتزّ قناعاته. زوجته مريم ظلّت تنتظره بثبات.

أصيب أبي بصدمة، وأقسم ألا يذهب لأداء فريضة الحجّ إلا بعد تحرير الأقصى من الغزاة، وكان أخي محمّد الصغير يطلب المغفرة لأبي من رب العباد، لأنّ قراره هذا يورده موارد التهلكة في الدنيا وفي الآخرة، ولأنّه لا يجوز ربط العبادات واشتراط أدائها بالظروف الدنيويّة التي تخضع للتقلّبات. يتذكّر اتّهام عشائر البرّيّة لعشيرتنا بأنّها ما زالت متأثّرة ببعض طقوس الجاهليّة. يفصح لأبي عمّا يفكّر فيه، فلا يتراجع أبي عن موقفه.

ولم تكن الصدمة من نصيب أبي وحده. كثيرون صدموا جرّاء الهزيمة، وفقدوا إيمانهم بالعروبة وبعبد الناصر الذي كان محطّ

الآمال. ثم استبدّ بهم الحزن حين أعلن استقالته التي عاد وعدل عنها لاحقًا تحت ضغط الناس.

وكان من جرّاء الهزيمة أن نشطت قوى سياسيّة عدّة في البلاد. كثيرون من أبناء عشيرة العبد اللات انتسبوا إلى شتّى التنظيمات، وتوزّعوا على فتح، والجبهتين، والحزب الشيوعي وعلى فصائل أخرى تكاثرت كالفطر في القرى والمدن والمخيمات. أخي محمد الكبير كان منتسبًا إلى الحزب منذ سنوات، حاول التأثير على عدد من أبناء العشيرة. نجح مع بعضهم ولم ينجح مع آخرين. وتمكّن من إرسال سبعة من شباب العشيرة للدراسة في الاتحاد السوفياتي. أخي محمّد الصغير لم يعجبه هذا الأمر. وجد فيه فرصة للتشهير بالحزب الذي يرسل أبناء العشيرة إلى بلاد الكفّار، لكي يعودوا إلى راس النبع مدموغين بدمغة حمراء، لن يقدر على إزالتها إلا ربّ العالمين. ووجد أخي فليحان فيه فرصة للعزف على الوتر الذي يرضيه. قال إنّ أبناء العشيرة سيقضون القسم الأكبر من أوقاتهم وهم نائمون على بطون النساء الروسيّات، وبعد سنوات، سيكون لعشيرة العبد اللات فرع في موسكو، وسيولد للعشيرة أولاد شقر وبنات شقراوات.

أخي محمّد الكبير كان يردّ على كلّ ذلك بابتسامات، وببعض كلام. كان يتحدّث باختصار عن النهضة العلميّة في البلاد التي يسمّيها أخي محمّد الصغير بلاد الكفّار، يحدّثنا عن يوري غاغارين أوّل رائد فضاء، وعن فالنتينا تيرشكوفا أولى رائدات الفضاء. نهزّ رؤوسنا ثم يعمّ الصمت فلا نسمع إلا طقطقات مسبحة أخي محمّد الصغير، الذي لا يلبث أن يوجه الكلام إلى أخي محمّد الكبير: مثل القرعا اللي تتباهى بشعر بنت اختها. يضحك محمّد الكبير وينفضّ اللقاء.

بقيت أقرب إلى فكر عبد الناصر، ولَمّا وجدت أنّ هزيمة 67 لا تقلّ فداحة عن كارثة 48، اقتنعت بأنّ ثَمّة خللاً في تفكير هذه الأمّة

التي يبدو لي أنّها لا تتعلّم من تجاربها، ولا تتّعظ بما يقع لها حتى لا يتكرّر على الصورة نفسها أو على ما هو أفدح من ذلك، فاتّخذت قراري بألا أنتسب لأيّ حزب أو فصيل. صرت متكتّمًا على أفكاري وقناعاتي لا أفصح عنها إلا عندما أجد ضرورة لذلك، شأني في هذا شأن أيّ موظّف صغير معتدّ بنفسه، ولديه اعتقاد بأنّ وظيفته هي التي تحفظ توازن الكون. وكان أبي يشجّعني على الابتعاد عن بحر السياسة الذي قد يغرق فيه أعتى الأبطال.

جرّاء هذا الحراك السياسي وتعدّد مشارب الناس وميولهم، وقعت في أوساط العشيرة بلبلة حين دعت القوى السياسيّة إلى مقاطعة العمل لدى المحتلّين. استجاب للدعوة عمّال كثيرون، لكنهم سرعان ما عادوا ووجدوا أنفسهم مضطرّين إلى العمل من جديد لدى المحتلّين عندما تعذّر عليهم إيجاد عمل أو أيّ مصدر للرزق بعد أن قلّ اهتمامهم بتربية الأغنام، ولم تعد الأرض تجود عليهم بما يساعدهم على مواصلة العيش. وكان ذلك سببًا للشعور بالتناقض والالتباس.

هكذا، انصرف عدد غير قليل من أبناء العشيرة إلى العمل في الورش والمتاجر والمطاعم والفنادق الإسرائيليّة، وأصبحت لديهم مداخيل شهريّة أكثر ممّا أتقاضاه، أنا الموظّف في المحكمة الشرعيّة منذ سنوات، فلم تعد النظرة إليّ وإلى وظيفتي كما كانت من قبل. تواضعت جرّاء ذلك، وصرت أضعني في الموضع الذي يستحقّه أيّ موظّف صغير، وصرت أتغاضى في كثير من الأحيان عن ارتداء البدلة وربطة العنق، وأذهب إلى العمل وأنا أرتدي القميص والبنطال، فأختلط من دون تمييز بالأعداد الكبيرة من العمّال الشباب الذاهبين إلى أعمالهم في الصباح.

وكدت أصارح أبي بالحقيقة، وأعلن أنّني لن أكون في الظروف الجديدة قادرًا على الوفاء بما ينتظره منّي من إنجازات، لكنّني خشيت

ألا يروقه كلامي، فآثرت الصمت. وخشيت أن تصاب أمّي بانتكاسة. فهي تفسّر المهمّة التي أناطها بي أبي على أنّها تعني وراثته، بعد عمر طويل، في تولّي زمام الأمور في العائلة وفي العشيرة من دون أخوتي الآخرين، وبتميّز عنهم.

ولم تكن زوجتي سناء معنيّة بالعائلة. كانت على قناعة بأنّ تفسّخ العائلة الممتدّة هو الأمر الطبيعي في مسار التطوّر الاجتماعي. لذلك لم يكن الأمر يعنيها، وصارت تبدي إعجابها بذهابي إلى العمل بزيّ بسيط. قالت إنّ التزامي الدائم بارتداء البدلة وربطة العنق كان يضعني في مصافّ الموظّفين التقليديّين الذين يظهرون في الأفلام المصريّة، وعلى عيونهم نظّارات طبّية سميكة، ولهم كروش بارزة تجعلهم مثيرين للشفقة. انتبهت جيدًا لما قالته سناء، وصرت معنيًّا بمراعاة إيقاع العصر.

في الليل، كان يحدث أن توقظني سناء غير مرّة لتقول لي: إنّك تهلوس بصوت مرتفع يا محمّد.

وتقول أمّي:

صرت في كثير من الليالي أنبّه منّان، وأقول له عدّل راسك على المخدّة، صوتك طالع للسما وانت تصرخ وتصيح. يقول لي: يا وضحا، أحلم أنّني في معركة في سهل فسيح، والبندقيّة لا تجاوب، وجنود العدوّ يقتربون منّي ويطلقون عليّ النار. فأقول له سلامتك يا منّان.

ويقول أخي فليحان:

صارت رسميّة تصحو من نومها، تتأمّلني في العتمة وأنا أهمهم. توقظني من نومي، وترى أنّني متألّم وعرقي يتصبّب من جسمي. أقول لها هذا كابوس. تقول: لهذا السبب أيقظتك حتى لا تتعذّب أكثر يا فليحان.

وأقول لسناء:

تتعرّض البلاد لأخطار جدّيّة، وهناك من يعتقد أنّ هذا الاحتلال سوف يدوم مئة وخمسين عامًا أو أكثر، مثلما كان الحال حين احتلّها الفرنجة ولم يخرجوا منها إلا بعد زمن طال.

وتقول أمّي:

يا حسرة راسي. صار قلبه أرقّ من ورق الشجر يا ويلي عليه. منّان اللي كانت الرجال تهابه صار يحزن لأيّ سبب، وصارت همومه كثيرة. يجلس على كرسي إلى جوار المذياع، يفرك شعر رأسه الأشيب من دون انقطاع. يستمع إلى المذياع وأنا ما أدري ما الذي يفكّر فيه، لكنّي صرت ألاحظ أنّه ما هو منّان القديم. منّان ما عاد يرتاح للأخبار اللي يسمعها، ومن أجل أن يخفّف من الألم المتسرّب إلى نفسه صار يبتعد عن نشرة الأخبار، يسرح بعيداً ويتعجّب كيف عاش كلّ هذه السنوات! ابني محمّد يقول إنّ أباه عاش زمانه بامتلاء.

وأقول:

صحيح، قلت هذا عن أبي. وقلت: كان يمكن أن تلدغه أفعى وهو في البرّيّة فلا يواصل رحلته التي امتدّت حتى الآن. كان يمكن أن يقتله عسكر الانكليز أو العصابات الصهيونيّة وهو يشارك في الثورة. وكان يمكن أن يقتله طلق طائش أو غير طائش في شجار من الشجارات التي شهدتها البرّيّة بين أبناء العشائر. لكنّه اجتاز دروبًا وعرة وعاش أيّامًا قاسية وما زال يعيش. وكنت أعرف أنّ أمّي أعانته على هموم الزمان.

تقول أمّي:

أنا ما قصّرت معه، قصّرت مع ظلّي وما قصّرت مع منّان. وربّ العباد هو اللي يعلم أنّي كنت متحمّلة كلّ شيء من أجل راحته ورضاه، وأنا عارفة، أكثر واحد من أولاده ربّى له علّة في قلبه، هو فليحان.

* * *

قال أخي فليحان:

قلت لرسميّة: أشرف، أخوك، وسرحان، ابن عمّك، خطيبك السابق، وآخرون من أبناء المخيم، الذي أصبح اسمه مخيّم العودة، انضمّوا للمقاومة، هرّبوا كلاشينات ومسدّسات عبر الحدود.

قالت: طيّب، وشو يعني يا فليحان؟

قلت لها: لا أنسى كيف صار سرحان يتحدّاني ولا يقيم لي أيّ اعتبار، يقول وهو على مقربة منّي قاصدًا أن أسمع كلامه: الآن، على أزلام الحكم الأردني أن يضع الواحد منهم في فمه رغيف خبز ويسكت. أسمع كلامه وألوذ بالصمت لأنّ الزمان لم يعد زماني، وأقول لنفسي: شكرًا لك يا سرحان، رغيف خبز في الفم أحسن من شيء آخر. نعم، أنا من أزلام الحكم الأردني. وأنا لا أخجل من هذا وكنت أجاهر به ولا أخشى أحدًا، لكنّ الزمان تغيّر، وعليّ أن آخذ هذا في الاعتبار. أهزّ رأسي عندما أتذكّر أن هذا كان في الأيّام الأولى التي أعقبت هزيمة سبعة وستّين.

أنا الآن على كرسي متحرّك، وسرحان في السجن الإسرائيلي، وهو ما زال فيه ولن يغادره. سرحان اعتقل ليس لأنّه أطلق النار عليّ، وإنّما لأنّه قُبض عليه بعد قيامه بعمليّة مسلّحة ضدّ دوريّة إسرائيليّة. طوّق الجنود بيته في المخيّم، وعثروا على سلاح. اقتادوه إلى السجن، وهناك عذّبوه حتى كاد يفقد حياته، ثم حكمت محكمة عليه بالسجن المؤبد.

عمر، ابن أخي محمّد الكبير كان في الثالثة عشرة لَمّا اعتقلت قوّة من الأمن الأردنيّ والده عام سبعة وخمسين. ولَمّا وقع باقي البلاد في أيدي الغزاة الإسرائيليّين، بقي عمر شهرين وهو مذهول. ثم التحق بالمقاومة مثل سرحان والآخرين، ولَمّا جاءت قوّة من الأمن الإسرائيلي لاعتقاله هرب إلى عمّان.

كنت أتسلّى بتذكّر أيّامي السابقة عندما أشعر بالضجر وأنا جالس على الكرسي. لكنْ، من غير المعقول أن أمضي كلّ وقتي في التذكّر. أنام في الفراش ثم أضجر، أجلس أمام التلفاز ثم أضجر. أشاهد نشرات الأخبار وبعض البرامج والمسلسلات. شاهدت مسلسل «صحّ النوم» عن حارة كلّ من إيده إلُه، الذي مثّله غوّار الطوشة ومعه أبو عنتر صاحب الشوارب المعقوفة والعضلات المفتولة، وياسين بقّوش الذي يمطّ الكلام، وحسني البورظان الضخم الجثّة الوديع مثل طفل، وفطّوم حيص بيص الأمّورة الدلّوعة (كانت رسميّة تغار وهي تراني أتأمّل جسدها بفضول، ثم تفطن إلى واقع الحال، فتقول وهي تمازحني: ما انا عارفة البير وغطاه، فأقرصها في فخذها) ورئيس المخفر بدري أبو كلبشة. وصرت أشاهد سميرة توفيق على شاشة التلفاز، فأستهين بالمذياع وأنا أراها رأي العين.

في السابق، كنت أسمع صوتها العذب وهذا كلّ شيء، وكنت أتحمّس لها وأتمنّى أن يأتي اليوم الذي أشاهدها فيه، وظلّ الحال كذلك حتّى رأيتها شخصيًّا في إحدى الحفلات التي غنّت فيها أجمل الأغنيات، وكنت وقتها ذهبت إلى لبنان لأمر يتعلّق بتجارتنا أنا والشيخ زعل. غنّت أغنيتي المفضّلة: «يا ابو قضاضة بيضا». تلك الليلة، حاولت الاقتراب منها لمصافحتها، إلا أنّ المشرفين على الحفلة صدّوني، وهم لا يعرفون قدري ومكانتي، فلم أتمكّن من السلام على مطربتي المحبوبة. ابتعدت وبقيت الحسرة مستقرّة في قلبي إلى يومنا هذا.

لَمّا شاهدتها على شاشة التلفاز فرحت. رأيت الشامة على خدّها، ورأيت الجسد البضّ وهو يتمايل في الفستان الناعم المنسدل عليه، رأيت العينين الكحيلتين والرموش الطويلة والشعر الأسود. يا سلام ما أروع التلفاز! سميرة توفيق عندي هنا في البيت، ولا يفصلني

عنها سوى أربعة أمتار. ليتها تخرج من الشاشة وتلبّي دعوتي لتناول طعام العشاء، ولقضاء الوقت معًا في الضحك والسوالف والغناء.

غير أنّني، مع الزمن، مللت وتعبت.

تعبت من أخبار المذياع ومن برامج التلفاز. والليلة لم أسمع أيّة أغنية لسميرة توفيق عن الحبّ وعن الوليف. أو ربّما بثّ التلفاز أغنية لها وأنا لم أكن أشاهده. وقلت لرسميّة: أنا تعبت، تعالي خلّينا ننام.

غسلت الصحون والطناجر والكؤوس، وتأكّدت من أنّ باب الدار مغلق. أطفأت النور في المطبخ وفي الصالة، وأنا حرّكت الكرسي إلى غرفة النوم. تبعتني وأغلقت باب الغرفة. خلعت روبها الليلكي وبقيت في قميص النوم. ساعدتني على الانتقال من الكرسي إلى السرير. عدّلتْ ساقيّ ومدّدتهما فوق الفراش. نمت ونامت إلى جواري ونشرت فوق جسديْنا الغطاء، ثم أطفأت النور من زرّ قريب.

مددت ذراعي نحوها ومرّرت يدي من تحت رأسها، وقلت لها: نامي على ذراعي. اقتربت منّي والتصق جسدها بجسدي. قلت لها: مش جاي ع بالي نوم.

بقينا نحكي ونستعيد الذكريات. ما يعجبني في رسميّة أنّها قليلة الشكوى. تفرح باعتدال وتضبط انفعالاتها بطريقة لافتة، وعندما ألاحظ أنّها متألّمة من شيء ما، أطرح عليها السؤال عمّا يؤلمها، فلا تفرط في الشكوى أو التذمّر، ثمّ تعود إلى طبيعتها السمحة.

وكنت حريصًا على أن أُسمعها أحلى كلام، وأن أعود بها إلى ذكرياتنا الجميلة، إلى أيّام رام الله ولياليها، إلى حفلات الغناء التي كنّا نحضرها، إلى المطاعم التي كنّا نتردّد عليها. يطيب لها تذكّر تلك الأيّام والليالي، ونظلّ كذلك إلى أن تنعس وتنام على ذراعي. أتشمّم شعرها الناعم الطويل، ولا يأتيني نوم، أبقى سارحًا مع الذكريات، ولا أنام إلا بعد منتصف الليل.

شكوت أمري لأخي محمّد الأصغر. هذا الإنسان مهذّب وهو أصغر منّي بسنوات، وأنا أستريح لكلامه، وهو هادئ الطباع لا يحقد ولا يحمل في قلبه ضغينة، ولا يغضب إذا اختلف أحد معه في الرأي، أو وجّه له نقدًا بسبب موقف أو فكرة. وأنا كنت أعتقد أنّه شيوعي مثل أخينا محمّد الكبير. قلت يجوز أنّه تأثر به. لكنّه أكّد لي أنه غير منتسب للحزب. وقال إنّه أكثر ميلاً لفكر عبد الناصر. قلت له: أنت حرّ في ما تعتقد. وأنا أعتبر نفسي ملكيًّا، رغم ضياع نصف المملكة. احترمته كثيرًا وهو يقول: يمكن للآراء المختلفة أن تتعايش من دون إقصاء، والميدان يتّسع لكلّ الخيول، وما علينا إلا أن ندرّب أنفسنا على التحمّل والاحتمال.

يعجبني كلام أخي محمّد الأصغر، مع أنّني لا أستطيع تطبيقه على نفسي، ولا أستطيع احتمال بعض الوجوه السمجة التي لا تستحقّ إلا الصفع بحذاء. وبالطبع، فإنّني لا أجاهر بهذا الموقف أمام أخي، لأنّه قد يتّهمني بالحقد على الناس. يأتي إلى بيتي بين الحين والآخر، فأحتفي به وتحتفي به رسميّة. تقدّم له الفواكه، وبعد الفواكه تأتي بالشاي ثم تختتم الضيافة بالقهوة.

يجلس للتسامر معي، فأشعر بمتعة الكلام معه، والبوح له بما مرّ عليّ من أيّام وتجارب وأخبار ومواقف وصعوبات وتحدّيات، وتكون رسميّة بعيدة عنّا في هذه الأثناء، فلا تستمع لما أقول، مع أنّ كثيرًا ممّا أقوله له قلته لها من قبل، أو سأقوله لها في ما بعد. يستمع إليّ باحترام، ويقدّر رحلتي في الحياة رغم ما شابها من مواقف وتصرّفات لا يقرّها ولا يقبل بها، إلا أنّه يعتبرها تجربة ما كانت حياتي لتكون على هذا النحو من الثراء، لو لم أخضها وأخض مخاطرها والآلام المتأتّية منها.

أتحدّث أمامه عن الملل الذي أشعر به، فيدرك ما أعانيه. ينصحني بقراءة الكتب لأنّها تجعل حياتنا أغنى وأجمل. أتحمّس لنصيحته، وأتذكّر أنّني تعلّمت في البرّيّة على أيدي الخطباء الشيوخ، ورغم أنّني كنت أوزّع وقتي بين الدراسة ورعي الأغنام آنذاك، فقد كنت من التلاميذ المبرّزين، وكنت حفظت القرآن وجدول الضرب والقسمة والجمع والطرح، كما حفظت كثيرًا من الأشعار والأناشيد والنصوص الأدبيّة التي زوّدنا بها الخطيب. وكنت قرأت تغريبة بني هلال وبطلها أبو زيد الهلالي، وما زلت مهتمًّا بها. وقرأت قصّة عنترة، وقصة الزير سالم وكتبًا أخرى.

أحضر لي أخي كتابًا اسمه «منطق الطير» لفريد الدين العطّار. قرأت فيه من غير انتظام صفحة هنا وصفحة هناك. استمتعت ببعض صفحات الكتاب ونعست أمام صفحات أخرى ونمت، ولم أتحمّس لقراءته صفحة صفحة. كنت ما زلت جديدًا على عادة القراءة بعد هجرها لسنوات، إلا أنّني فهمت أنّ الكتاب يرصد رحلة تقوم بها الطيور إلى مكان بعيد، بقيادة هدهد جوّاب للآفاق. قدّر أخي موقفي هذا وأحضر لي كتابًا لمؤلّف مصري اسمه مصطفى لطفي المنفلوطي، اسم الكتاب «العبرات». فيه قصص عاطفيّة. قرأته وتأثّرت بمآسي المحبّين والعشّاق، لكنّني لم أحتمل كلّ هذه التأوّهات والآلام ومضغ المشاعر وتدبيج الكلام.

ولا أنكر أنّني مررت بتجربة كهذه أثناء تعرّفي إلى رسميّة ووقوعي في حبّها. إلا أنّني لم أكن أذرف الدموع ولا أقضي الليالي الطوال مسهّدًا غير قادر على النوم. ولم تكن معدتي تعاف الزاد لأنّني غير قادر على الوصول إلى المحبوبة. كنت أصاب بالقلق أحيانًا، وأصاب باللهفة أحيانًا أخرى وبالرغبة في الوصال، ولكن من دون تأوّهات وأوجاع.

هذا الكلام منافٍ لطبعي. أنا أحبّ أن أدخل في الموضوع، وبالذات موضوع المرأة، من دون مقدّمات طويلة ومن دون آهات. ولهذا السبب أغويت رسميّة، وجعلتها تتخلّى عن خطيبها، ثم تزوّجتها وانتظرتُ سبعة أيّام وهي لا تمكّنني من جسدها، لأنّها تعرّضت لصدمة جعلتها عاتبة عليّ. إلا أنّها تجاوزتْ كلّ هذا وغفرت لي. وكنت أحبّها منذ البداية وما زلت أحبّها حتّى الآن. مع ذلك، لم أخلص من نتائج فعلتي، فابن عمّها لم يغفر لي تصرّفي، ولم ينس ما فعلت. ظلّ يضمر لي عداء حتّى جاءته الفرصة بعد سنوات. الفرصة التي جعلته وجعلت المخيّمات كلّها تنتفض على الظلم والاستكانة كما كان يقول، فأطلق عليّ النار.

أحضر لي أخي كتبًا لنجيب محفوظ ويوسف ادريس ومحمّد عبد الحليم عبد الله وآخرين. قرأتها كلّها وتسلّيت، أحببت بعضها ولم أتحمّس لبعضها الآخر. وصارت رسميّة تعجب بميلي لقراءة الكتب، هي التي تعلّمت في المدرسة عشر سنوات، ولَمّا وقعت كارثة 48 انقطعت عن الدراسة، ولم تلتحق بالمدرسة التي تمّ إنشاؤها في المخيّم لسبب ما. صارت تشاركني القراءة وتبدي استعدادًا للتعليق، ونحن نائمان في الفراش، على ما قرأنا، وبالتحديد على بعض مواقف الحبّ والخيانة والغدر، وعلى المشاهد المكشوفة التي تتضمّنها بعض الكتب. تعلّق عليها بحياء، وأعلّق أنا عليها بصراحة عارية، فلا ترتبك ممّا أقول، تصغي إليّ باستمتاع، فأشعر بأنّ الرغبة استبدّت بها، فأزيدها اشتعالاً وأحاول تطويقها وإخمادها على نحو يريح رسميّة، ويمكّنها من نوم هادئ بعد نهار طويل من الانشغالات في المطبخ وفي الصالة وفي السرير.

جاءني أخي بكتاب اسمه «رسالة ابن فضلان» في وصف الرحلة إلى بلاد الترك والخزر والروس والصقالبة. استوقفني فيه

أنّ ابن فضلان وصحبه التقوا رجلاً من الترك ومعه زوجته، فجلسوا يتسامرون معهما، وفيما هم كذلك، رفعت الزوجة ثوبها وانكشف جزء من جسدها لا ينبغي له أن ينكشف أمام الناس، فارتبك الرحّالة ومن معه وحاولوا غضّ النظر عمّا رأوه، إلا أنّ الزوجة لم تكترث، فالأمر بالنسبة لها عاديّ ولا يستوجب أيّ ارتباك. قال الزوج محاولاً توضيح الأمر لابن فضلان وصحبه: أنْ تكشف عنه وتحافظ عليه خير من أن تحجبه عن الأنظار، ثم تمكّنَ الآخرين منه.

ذكّرني هذا الأمر بسروال رسميّة قبل أن أتزوّجها، وقبل أن أطلب منها عدم ارتدائه، والاستعاضة عنه بسراويل داخليّة قصيرة اعتادت نساء راس النبع شراءها من المحالّ التجاريّة في القدس، بعد توقّفهن عن خياطة سراويلهن من قماش رخيص، فاستبدّ بي الفضول من جديد لمعرفة لماذا ارتدت رسميّة وغيرها من النساء في بعض مناطق فلسطين هذا السروال الداخليّ الطويل الذي يخطنه بأيديهنّ من أقمشة مختلفة الألوان، وما هي الظروف التي دعت إلى ذلك واستوجبته؟

قلت: لعلّه تأثير البيئة على عادات الناس وطرائقهم في المأكل والملبس. وقد اتّخذتُ من أختي فلحة مثلاً على ذلك، عندما اضطرّت وهي تعيش في الوسميّة، قرية زوجها نعمان، إلى ارتداء السروال الداخليّ الطويل، تمشّيًا مع الزيّ السائد هناك. قلت: لعلّها الرغبة في فرض مزيد من الاحتشام على النساء. لكنّ الأثواب الطويلة ربّما كانت كافية لتحقيق الاحتشام. قلت: لعلّها الرغبة في تحقيق مزيد من الدفء لأجساد النساء. ثم استبعدت هذا التفسير، لأنّ النساء يرتدينه في الصيف وفي الشتاء، ولو كان طلب الدفء هو الدافع لذلك لاسترحن من ارتدائه في الصيف، ولاستعضن عنه بما هو أقصر بكثير، للتخفّف من شدّة الحرّ والرطوبة وحرارة الأبدان.

قلت: لعلّها الرغبة في إحاطة المنطقة الحسّاسة من جسد المرأة برداء مترامي الأطراف، بحيث يتعذّر الوصول إلى هناك بالسهولة المتوخّاة. شعرت بالحيرة ووجدت بالتجربة أنّ سروال رسميّة لم يصمد إلا لحظات أمام اقتحامي لجسدها في الخلاء، ووجدت أنّها لا ترتدي حَمّالة صدر، عندما أزحت ثوبها عن جسدها، وكان نهداها طليقين مثل فرخَي حمام.

استشرتها في الموضوع، ولم أجد لديها تفسيرًا. لم أجد لديها اهتمامًا بهذا الأمر. قالت إنّ حَمّالة الصدر لم تكن شائعة في قريتها، وهي وجدت أمّها وأخواتها وبنات قريتها يرتدين السروال الداخليّ الطويل ففعلت مثلهن، أو على الأصحّ، جعلها أهلها ترتديه منذ الصغر، ولم تجد في ذلك غضاضة أو أمرًا يستحقّ السؤال.

قلت لها: أكيد هذا السروال مرتبط بالبيئة الزراعيّة حيث تعمل المرأة في الحقول مثلها مثل الرجل، وهي لذلك تضطرّ في وقت العمل إلى أن ترفع ثوبها الطويل عن ساقيها وتثبّت طرفيه تحت حزامها، مثلما يرفع الرجل قنبازه عن ساقيه ويثبّت طرفيه تحت حزامه. وفي هذه الحالة لا يصحّ لها أن تكشف ساقيها، ويصبح السروال الطويل للمرأة مثلما السروال الطويل للرجل هو الحلّ الشافي لهذه المسألة، ثم إنّ تسلّقها للأشجار لقطف الثمار يريحها من تلصّص الفضوليّين وهي ترتدي السروال الطويل. قالت رسميّة محاولة التملّص من هذا الاسترسال في الكلام: يجوز.

تلمّستُ شعر رأسها وابتسمت لها وهي ابتسمت لي.

وكنت أنحي باللائمة على نفسي لأنّني سكتّ لَمّا اتّهمني بعض المغرضين باستغلال الناس. ولو تكلّمت صراحة وواجهت الكلام بكلام صارم يضع من ذكرني بسوء أمام المسؤوليّة، لربّما كنت نجوت ممّا فعله سرحان. بعد هزيمة سبعة وستّين قيل إنّ روحًا جديدة

دخلت المخيم. قال سرحان وهو يصول ويجول في أزقّة المخيم: انتهى زمان الخنوع.

قلت: عجيب أمر هذا الرجل، بعد الهزيمة يحكي هذا الكلام. بعد كارثة ثمانية وأربعين تعرّض الفلسطينيون للذلّ والمهانة، وتشتّت منهم مئات الآلاف وأصبحوا لاجئين في الخيام. والآن وقعت هزيمة سبعة وستّين، وهي لا تقلّ مرارة عن تلك الكارثة، فكيف انتهى زمان الخنوع؟ بالطبع، أنا لست ضدّ أن ينتهي زمان الخنوع. وأنا من الأساس لا أقبل أن يعيش المخيّم في حالة خنوع، وكان عليّ أن آخذ حذري من سرحان، غير أنّه أطلق عليّ النار من مسدّس لم يكن من السهل عليه امتلاكه من قبل.

قال أخي محمّد الأصغر مفسّرًا ما وقع: مع تغلغل المقاومة في المخيّمات وغيرها من الأماكن، استيقظت المخيّمات وراحت تتمرّد على الأوضاع التي عاشت مرغمة في ظلّها خلال السنوات الفائتة.

هذا ما يردّده أخي، وهو يتناقض مع قناعاتي. وهذا ما يفكّر فيه سرحان وما يصرّح به على رؤوس الأشهاد، ولذلك استيقظ حقده القديم عليّ. قال إنّه سيثأر للشرف الذي مرّغته في التراب. أطلق النار عليّ وأنا خارج من بيت أختي فلحة الواقع على أطراف المخيّم، ومن حسن حظّي أنّ أختي وزوجها أسعفاني في الحال.

تألّم أبي لما وقع لي. هذا ما قالته أمّي مثيلة، قالت: أبوك انمقت يا فليحان، مع أنّه حاول ألا يظهر أمام الناس بمظهر المدان. صار يهذي في الليل، ويقول أنا منّان محمّد العبد اللات، ابني فليحان يطلق أحد الفدائيين عليه النار! أنا شاركت في ثورة ستّة وثلاثين، وأنا أبو الشهيدين وطّاف ويوسف. وصار يتحدّث عن السنوات اللي قضاها ابنه محمّد الكبير في السجون. ويتذكّر كيف كان مختار العشيرة في زمن الانتداب وفي زمن الحكم الأردني، وكيف أنّه لم

يقبل أن يكون مختارًا بعد هزيمة سبعة وستّين. رمى ختم المخترة منذ الأسابيع الأولى للهزيمة في مكتب الحاكم العسكري الإسرائيلي، وخرج غير آسف على شيء. كان يتعذّب لأنّ الناس لا يرحمون. بعضهم قال هذا فليحان عميل للاحتلال، وهذا هو أكثر شيء جرح قلب والدك منّان.

وجاء في رسالة لأخي عطوان: والصحيح يا والدي أنّني تأثّرت لَمّا عرفت ما جرى لأخي فليحان، وأبناء العشيرة هنا في البرازيل تأثّروا.

وأنا أعـرف أنّ أبي كان غير راض عن بعض تصرّفاتي، عن متاجرتي في الحشيش وعن تهريبي البضائع إلى دولة العدو، لكنّه يعلم علم اليقين أنّني لا يمكن أن أخون ضميري وأصبح عميلاً للاحتلال. أخي محمّد الأصغر طلب من أمّه وضحا أن تواصل الاعتناء بأبي لأنّ ما حدث لي ليس سهلاً. أن يتعرّض ابن منّان لإطلاق النار عليه، ولا يطلب عطوة عشائريّة من أحد، ولا يستنفر أبناء العشيرة للردّ على سرحان. أنا قلت له يا والدي لا داعي للاستنفار، وأخي محمّد الأصغر يوافقني الرأي، فالأوضاع تغيّرت، ورغم أنّ ما أقدم عليه سرحان يقع في باب الانتقام لمسألة عائليّة، ولا علاقة للشأن الوطني بها، إلا أنّ التحاقه بالمقاومة يجعل الأمور أكثر تعقيدًا، وأنا لا يحزنني إلا دموع رسميّة التي تتلبّسها هذه الأيّام شخصيّة جليلة أخت جسّاس وزوجة كليب، عندما قام أخوها بقتل زوجها، وتركها حزينة معذّبة على مدى الأيّام. أخي محمّد الأصغر أضاف لما قلته حقيقة أخرى قد تجعل الشأن العائلي الذي ظلّ سرحان مجروحًا من أجله متداخلاً مع الشأن الوطني فلا ينفصلان.

وكنت لاحظت أنّ قدوم أخي سلمان من الكويت متسلّلًا عبر النهر، غطّى كما يبدو على ما وقع لي، إذ انشغلت العشيرة بقدومه بضعة أسابيع.

أخي سلمان جاء قبل هذه المرّة من الكويت. جاء قبل أشهر من هزيمة سبعة وستّين، وكان القدوم إلى القدس ميسّرًا، ولا توجد عقبات. جاء محمّلاً بالهدايا. أحضر معه قمصانًا وبنطلونات وربطات عنق للشباب، وقطعًا من قماش وأساور من فضّة للنساء. وفساتين وعطورًا للبنات. أحضر لأبي عباءة مقصّبة مثل تلك التي يرتديها أمراء الكويت. ارتداها أبي بفخر واعتزاز، وأحضر أساور من ذهب ومناديل من حرير لأمّه سميحة. خطب له أبي ابنة أخيه عبّاس، وتمّ الاتّفاق على أن يكون الزواج بعد عام.

وقعت الهزيمة، وسلمان لم يعد قادرًا على القدوم إلى البلاد، بسبب إغلاق الحدود. إلا أنّه جاء متسلّلاً لكي يتزوّج ابنة عمّه ويعود بها إلى الكويت. اعتمد على دليل خبير بتضاريس المنطقة، وكان معه جمع آخر من الناس. قطع النهر اعتمادًا على حبل ممدود من ضفّة النهر إلى ضفّته الأخرى. ومن حسن حظّه هو ومن معه، أنّ جنود العدوّ لم يروهم وهم يتسلّلون عبر النهر. لكنّهم نشّفوا ريقهم، عندما مرّت دوريّة مسلّحة بالقرب من الحدود، فاضطرّ سلمان ومن معه إلى الاختباء بين الشجيرات النابتة هناك.

وصل سلمان هذه المرّة إلى راس النبع ممتقع الوجه مغبرّ الملابس. زغردت أمّه سميحة، وبكى أبي منّان. تزوّج سلمان ابنة عمّه من دون رقص وغناء، لأنّ البلاد كانت غارقة في الدماء، ولأنّني كنت ما زلت أعاني من الإصابة التي ألحقها بي سرحان. أخذ سلمان عروسه ومضى عبر الحدود إلى الكويت. كان الغزاة يسهّلون للخارجين سبل

الخروج، ويعدّون لهم حافلات مخصّصة لهذا الغرض. ركب سلمان وعروسه إحدى هذه الحافلات وغادرا البلاد إلى أمد غير معلوم.

غير أنّ مجيء سلمان على هذا النحو المغامر، أضيف إلى التاريخ غير المدوّن للعشيرة. ومنذ ذلك الوقت، لم تهدأ البلاد، ويبدو أنّها لن تهدأ على الإطلاق.

وكم أصابني القلق على عمر وفزّاع! لَمّا أدرت جهاز التلفاز على محطّة عمّان كانت كلّ الأغاني مكرّسة للوطن وللملك وللنشامى ربع الكفاف الحمر1. فزّاع، ابن عمّتي معزوزة، واحد من ربع الكفاف الحمر، وأنا أحبّه. التقيته قبل هزيمة سبعة وستّين مرّات عدّة. كنت أذهب إلى عمّان، وأعرّج على مأدبا لزيارة عمّتي، ولتناول طعام الغداء في بيت زوجها صايل الذي كان يحلف بالطلاق أنّني لن أغادر بيته إلا بعد أن يولم لي. يذبح الذبيحة ويدعو عددًا من رجال عشيرته للسلام عليّ وللجلوس معي وتناول طعام الغداء.

التقيت فزّاع كذلك وهو يأتي مع أمّه إلى راس النبع لزيارة العائلة. وكنت ألاحظ أنّه على قدر من النباهة والذكاء. التحق بالجيش منذ أن بلغ الثامنة عشرة من العمر، وجاء إلى الضفّة الغربيّة وشارك في الحرب التي انتهت بهزيمة. أمّه معزوزة ماتت في أيّام الحرب، ولم يعرف عن موتها إلا في ما بعد. وكان انسحب مع جنود كتيبته في اليوم الخامس لنشوب الحرب، بعد أن أصبح ميزان القتال في غير صالحهم. فزّاع ابن عمّتي وكلّ الجنود الذين معه لم يقدروا على مواجهة الطائرات والدبّابات، واكتشفوا أنّ ذخيرتهم فاسدة، أو ربّما كانت مع بعضهم ذخيرة فاسدة. كانوا يصوّبون بنادقهم نحو مواقع

[1] جنود الجيش الأردني، ويُسمّون هكذا لأنّهم يرتدون الكوفيات الحمر.

العدوّ ويطلقون النيران، فتصدر عنها أصوات مدوّية إلا أنّها لا تزيد عن كونها مجرّد أصوات.

فـزّاع عـرف هـذا الأمـر أثناء القتال وتحـدّث عن ذلك في ما بعد، وقال إنّه توقّع أن يجري تحقيق لكشف الحقيقة. كيف تسرّبت الذخيرة الفاسدة إلى أيدي الجنود؟ ثم قال: لا صار تحقيق ولا صار أيّ شيء.

ولا أنسى، عندما اندلعت معارك أيلول 1970، أنّني لم أكن أهدأ لا في الليل ولا في النهار، ولم تكن رسميّة تهدأ كذلك. تجلس بالقرب منّي، تضع رأسها على كتفي لحظات، ثم تنهض وتعود حاملة صينيّة عليها إبريق الشاي وكؤوس. قلت يا ربّ الطف، عمر ابن أخي محمّد الكبير مع المقاومة في عمّان. وفزّاع ابن عمّتي جنديّ في الجيش. وأنا أسمع أخبار الصدامات بين الجيش والمقاومة ويدي على قلبي، وأخي محمّد الكبير ينتقد تجاوزات المقاومة ويضع مسؤوليّة الصدام على النظام. هذا هو طبع أخي وهذه سياسته، دائمًا، يضع اللوم على النظام، وأنا أقول له ليس هذا هو وقت توجيه النقد، وهو يتساءل باستنكار: و متى نمارس النقد إن لم نمارسه الآن؟! ورسميّة تتنقّل من المطبخ إلى الصالة، تحضر القهوة والشاي وأنا أضع المذياع قريبًا من أذني في النهار، وأتابع تلفاز عمّان في الليل إلى أن ينتهي البثّ بالسلام الملكي. ورسميّة تقول: خبّرني يا فليحان إن اتّفقوا على وقف إطلاق النار. أقول: أخبرك يا رسميّة، أكيد.

وكنت أرى أنّ وقف إطلاق النار لن يتحقّق إلا بعد جهد جهيد. وبالفعل، أسهمت الوساطات العربيّة وضغوط جمال عبد الناصر في وقف القتال. وخرج ياسر عرفات سرًّا من عمّان.

في بعض الأحيان كنت أجلس أنا والوالد للمسامرة ولقضاء الوقت، ويطيب لنا أن نستذكر علاقتنا بالزعماء. والـدي ظلّ راغبًا

في اللقاء بعبد الناصر وعرفات. عبد الناصر مات وياسر عرفات في بيروت. أيّام ثورة ستّة وثلاثين التقى والدي المفتي الحاج أمين الحسيني بعد أسابيع من اندلاع الثورة. والتقى الملك عبد الله في مؤتمر أريحا الذي أسفر عن وحدة الضفّتين، ثمّ التقى الملك حسين في قصر رغدان للتهنئة بجلوسه على العرش. وقبل هزيمة سبعة وستّين بثلاث سنوات التقى أحمد الشقيري في مؤتمر عقد في القدس، وأسفر عن تأسيس منظّمة التحرير الفلسطينيّة.

أنا التقيت الملك حسين عندما ذهبت مع وفد من عشائر راس النبع لمبايعته بعد الفوضى التي أحدثتها الأحزاب السياسيّة ضدّ أمن البلاد. والتقيت الشقيري قبل هزيمة سبعة وستّين في اجتماع حاشد، ولم يدر بيني وبينه كلام. ولم ألتق عبد الناصر ولا عرفات. ولَمّا ترشّحت للانتخابات في عام واحد وستّين وفي عام ثلاثة وستّين وقفت مع النظام، والناس خذلوني وما وقفوا معي. كنت أغادر مضافة الوالد، وأعود إلى تذكّر تلك الأيّام قائلاً لزوجتي:

– أنا رسبت في الانتخابات يا رسميّة، رسبت مرّتين.

– وشو اللي جاب هالحكي على بالك يا فليحان؟ هذا الحكي إله سنين!

– كان من واجبك أن تنصحيني بعدم الترشّح للانتخابات، قدّيش صرفت ليرات!

– لو نصحتك ما كنت ردّيت.

– بدّك الصحيح، عتبي على أخي محمّد الأصغر، وعلى شباب العبد اللات.

– انتهى الموضوع يا فليحان، حاول أن تنساه.

– اسمعي: واحد من المرشّحين لَمّا رسب في الانتخابات، وكان صرف ليرات كثيرة، قال: أيّها الشعب المزبزب، أكلتم خيري وانتخبتم غيري.

ضحكت رسميّة، ثمّ تعجّبتْ من إصراري على تذكّر تلك الخسارة التي ظلّت تحزّ في نفسي. خرجتُ من معركة الانتخابات مجروحًا. بعد كلّ هذا الجاه، وبعد النقود التي صرفتها أخرج خاسرًا، وأعود إلى رسميّة وأنا أكاد أنفجر من الغيظ. أثبتت رسميّة كعادتها أنّها بنت حلال. احتضنتني كأنّني طفل. ظلّت تمسّد شعر رأسي وتقبّل وجهي وصدري وكلّ خليّة في جسمي، حتّى كادت تنسيني ألم الخسارة. ولم أفلتها من بين يديّ، عرّيتها والتحمت بها، وبدا أنّني راغب في تفريغ مشاعر الغضب والإحباط والإحساس بالخسران في فعل جامح لا يعرف الانتظار. تحقّق لي ذلك بفضل جسد رسميّة الفتّان الذي حوّل تلك المشاعر إلى لذّة غامرة سرت في خلايا جسمي أعذب سريان.

وكنت سأواجه أصعب امتحان لولا أن هداني أخي محمّد الأصغر إلى قراءة الكتب. كنت سأنهي حياتي بجرعة من السمّ تحت تأثير الضجر. لم أقرأ إلا ستّ سنوات في كتاتيب الخطباء الشيوخ، ولولا خبرتي في الحياة واحتكاكي بأصناف من البشر، وذكائي الذي لا ينكره عليّ أخي لما استطعت الوصول إلى ما وصلت إليه.

كان يمكن أن أكون نائبًا في البرلمان الأردني. وكان يمكن أن أكون وزيرًا في الحكومة، إلا أنّ القدر عاندني ولم تتحقّق أحلامي في الفوز بمنصب كبير. ربّما كنت سأفوز بما أرغب فيه لو أنّ هذا الاحتلال لم يفاجئنا، ولم يخربش مجرى حياتنا. لو لم يقع هذا الاحتلال وتلك الهزيمة كنت نجوت من انتقام سرحان. وكنت واصلت مسيرتي رجلاً من ألمع الرجال في راس النبع وفي منطقة

القدس بأسرها. وكنت سأواصل توسيع نفوذي ليمتدّ إلى البلاد من أقصاها إلى أقصاها.

تهيجُ مشاعري، وأتذكّر تغريبة بني هلال وصراع الفرسان، يتقدّمهم أبو زيد الهلالي وذياب بن غانم، أعزف على الربابة وأطلق عقيرتي بالغناء:

يقول ابو زيد الهلالي سلامة
عرض الفتى مثل القزاز الرهايف
أصونه عن الأنذال لا يكسرونه
ومن جانب الأجواد ماني بخايف

أمعن في العزف وفي غناء الأشعار لعلّ رسميّة تسمعني وتقترب منّي وتصغي إليّ، وتطلب منّي أن أقصّ عليها شيئًا من تغريبة بني هلال، كما كنت أفعل في الماضي. لكنّها منذ أن دخل التلفاز بيتنا لم تعد تهتمّ بالتغريبة ولا بالعزف على الربابة ولا بسماع الأشعار، وهي كما يبدو مشغولة بأمرٍ ما مع الجارات. لم أفكّر بمناداتها. رحت أفكّر في الحالة التي انتهيت إليها. الآن، تراجعت طموحاتي وضمرت أحلامي. لم يعد لي مزاج لأن أذهب لتفقّد المحالّ التجاريّة التي أملكها، ولم تعد لديّ رغبة في الذهاب إلى المحجر الذي لا ينتج ما يكفي لدفع أجور العاملين فيه. وأبناء العشيرة الذين يعملون في المقهى وفي المحالّ التجاريّة الأخرى يشكون من كثرة الضرائب التي يفرضها المحتلّون، ويشكون من قلّة الدخل المتأتّي من هذه المحالّ. وهم يسرقونني، ولكن ما العمل؟ وما السبيل إلى تصويب الأوضاع؟ لم أعد راغبًا في أن يراني الناس كسيحًا فوق كرسيّ للمقعدين، لا أستطيع الحركة إلا إذا دفع الكرسي أحد الأبناء، أو قامت رسميّة بدفعه وأنا محرج مهموم.

ما يعجبني في سلوك أخي محمّد الأصغر أنّه لا يتعامل معي من باب الشفقة عليّ. لو كنت أشعر للحظة واحدة أنّه يشفق عليّ، لما استشرته ولما وضعت ثقتي فيه، ولما بحت له بكلّ ما في نفسي وما في حياتي من تجارب وأحداث.

جاء في رسالة كتبها أخي عطوان إلى أبي منّان: أنا يا والدي أشفق على الحالة التي وصل إليها أخي فليحان. وكنت أتوقّع أن ينتهي إلى هذا المصير، لأنّه لم يكن يشفق على أحد، حتّى أنا، وأنا أخوه، كان يظلمني في العمل وفي الراتب الذي كنت أتقاضاه، وعلى كلّ حال له منّي ألف حمل سلام.

أغضبني كلام عطوان، لكن مع الوقت برد غضبي.

وكنت سلّمت على وضحا، زوجة أبي، لَمّا التقينا في مضافة أبي قبل أيّام، وقلت لها محاولاً تحسين العلاقة بيني وبينها: أنا يا زوجة أبي أحبّكِ مثلما أحبّ أمّي مثيلة.

رأيت انفعالاً على وجهها قدّرت أنّه ناتج عن عدم توقّعها بأن أقول لها ما قلت. قالت كلامًا يدلّل على قلب أبيض لا يحمل حقدًا. وأنا أعرف أنّ أخي عطوان، ابن أمّي وأبي، ناقم عليّ. سافر إلى البرازيل وهو يشعر تجاهي باستياء.

وقال لي أخي محمّد الأصغر غير مرّة: يا أخي فليحان، أرجو أن ينتقل ما في الكتب التي أحضرها لك إلى رأسك، ثم اتركه يتفاعل مع مشاعرك ليغيّر سلوكك تجاه القاصي والداني من الناس.

وقلت له: أنا يا محمّد لي حساباتي مع الناس، ولي مشاعري. يا أخي أنا لست ملاكًا، افهمني أرجوك، أنا فليحان بن منّان.

* * *

أخي فليحان له طبع خاصّ. يظلّ صامتًا إلا حين تقتضي الضرورات،
فإنْ تكلّم فإنّه لا يفرط في الكلام، ويظلّ مسربلاً بغموض يخالطه خبث،
تفصح عنه نظرات عينيه مع مكر لا يمكن أن تخطئه العيون. ولربّما
أنقذتُه من الضجر وهو جالس ليل نهار على كرسيّه المتحرّك. فعلتُ
ذلك لتهذيب نفسه التي غرقت في الشرور. حاول في صباه الاعتداء
على فتاة ترعى أغنام أهلها في البرّيّة. هجم عليها ومزّق ثوبها عن
صدرها، وبان نهداها في العراء. ضربته بحجر شجّ رأسه، واغتنمت
فرصة اضطرابه من أثر الضربة لتولّي هاربة وهي تصيح. حين وصلت
مضارب عشيرتها تراكض عشرات من شباب العشيرة إلى المرعى لقتل
فليحان، لكنّهم لم يعثروا عليه. سارع أبي إلى عشيرة الرباحنة، وطلب
منها التوسّط بين عشيرتنا وعشيرة الرواجفة. وقبل أيّ إجراء لضبط
الأمور، وصل عدد من أبناء هذه العشيرة إلى مكان قريب من مضارب
عشيرتنا، أطلقوا نيران بنادقهم على المضارب، ثم عادوا من حيث أتوا.

ذهب أبي إلى المسجد الأقصى ومعه عدد من أبناء عشيرتنا،
وقف أمام حشد من الناس وأقسم بالله أنّ عِرض الفتاة طاهر، لم
يمسّه ابنه فليحان بسوء، وقام خمسة من أخوة أبي وأبنائه بتزكية
يمينه. وحين نال أخي فليحان البراءة أقام أبي وليمة كبرى لعشيرتي
الرواجفة والرباحنة، حضرها عدد كبير من المدعوّين. كان ذلك قبل
أن أولد بسنوات.

مع ذلك، فإنّ فليحان لا يخلو من طيبة ومن ذكاء، وهو يستوعب
كثيرًا ممّا يقرأ، وذلك مدعاة للإعجاب. كان مهتمًّا بقراءة الكتب في
زمن مضى كما قال لي، إلا أنّه انقطع عنها عندما استأثر جمع المال
باهتمامه. الآن، لم تعد أحواله الاقتصاديّة كما كانت من قبل. صار
دخله من محالّه التجاريّة يتضاءل منذ وقعت هزيمة سبعة وستّين.
وأخذ المحجر الذي كان يدرّ عليه دخلاً مجزيًا يفتقر إلى الزبائن،

بسبب رداءة الحجارة التي صارت تخرج من صخور الجبل. وعندما لم يعد أخي قادرًا على متابعة شؤونه الخاصّة كالمعتاد، نصحته بالقراءة فلم يتردّد عن الاستجابة للنصيحة.

وإذا كنت صاحب فضل على أخي فليحان، فإنّ أخي محمّد الكبير كان صاحب فضل عليّ، لأنّه هو الـذي جعلني أحبّ قراءة الكتب. كنت أزوره في بيته بعد مغادرتي المدرسة. أجلس في الصالة الصغيرة. تقدّم لي مريم الشاي ومعه صحن فيه كعك. ألتهم الكعك وأشرب الشاي، وأخي محمّد الكبير يقدّم لي كتيّبات قال إنّ الحزب يثابر على إصدارها لتثقيف العمّال والفلاحين الفقراء والأجراء والمهمّشين، ولتبصيرهم بحقوقهم، ولإنقاذهم من الاستغلال.

كان ذلك بعد الانتخابات البرلمانية التي فاز فيها مرشّح الحزب في القدس. أخي محمّد الكبير وزوجته مريم يفاخران بأنّ لهما دورًا في فوزه بأعلى الأصوات. وكنت أتوقّع أنّ أخي يسعى إلى تنظيمي في الحزب. أخبّئ المنشورات والكتيّبات التي يسلّمها لي في حقيبتي المدرسيّة، وهو يلحّ عليّ بضرورة قراءتها. كنت أقرأ بعضها ولا أقرأ بعضها الآخر، خصوصًا حين تكون مكتوبة بخطّ صغير.

غير أنّ نشاط أخي في الدعاية للحزب لم يستمرّ. دهمت قوات الأمن بيته واعتقلته، وحكم عليه مع المئات من رفاقه بالسجن، ونال أغلبهم أحكامًا عالية. وكان عليّ أن أحمل همّ أخي السجين، وكذلك همّ أخي أدهم.

بعد أشهر من عـودة أدهـم إلى البلاد وقعت هزيمة سبعة وستّين، فانصرف إلى التهتّك وإلى ملاحقة النساء الإسرائيليّات اللواتي كنّ يظهرن في شوارع القدس بملابس تكشف أكثر ممّا تخفي، فلم يظفر منهنّ بأيّة التفاتة. بل إن تقرّبه من بعضهنّ كان يعرّضه للهزء وللاحتقار، على اعتبار أنّه واحد من أبناء الشعب المهزوم الذي لا

يستحقّ أن ينال حظوة لديهن، وإلا فإنهنّ يكسرن تربية تربّين عليها مفادها أنّ الفلسطيني قذر غدّار، وهو أقلّ مرتبة من الإسرائيلي المنتصر في كلّ الحروب.

ولَمّا يئس منهنّ، التفت إلى العاهرات الإسرائيليّات اللواتي كنّ يتصرّفن من منطلق أنّه لا فضل لإسرائيلي على فلسطيني أو العكس إلا بما يدفعه أيّ منهما من نقود. انصرف إليهنّ أدهم بما يشبه الهوس. ولعلّ ذلك وقع له من باب التعويض عن الشعور بالهزيمة أمام اليهود القادمين إلى فلسطين من كلّ حدب وصوب، الذين كانوا يقفون على عتبات المنازل الفلسطينية التي أصبحت غنائم حرب لهم، وكلّما رأوا فلسطينيًا قادمًا للتعرّف إلى بيته، شرحوا له بتفاخر أجوف كيف أنّ جيشهم أحرز نصرًا مؤزّرًا في الحرب الأخيرة على ثلاثة جيوش عربيّة، وكيف أنّ جنود جيش «الدفاع» استبسلوا في القتال، ما جعل الجنود العرب يفرّون من أمامهم مثل الأرانب. كان أدهم يغضب كلّما سمع هذا الكلام، يعيد ترديدَه زبائنُ الفندق القادمون من بلدان الشتات، في زيارات قصيرة بإذن من الغزاة، لمشاهدة مدنهم التي ضاعت وبيوتهم، فاستبدّت به الرغبة في خوض قتال من نوع خاص، ميدانه أجساد العاهرات الإسرائيليّات. كان قتاله خاسرًا منذ البداية، لأنّ العاهرات لا يدبّجن الكذب عن بطولات جيش أحرز نصرًا سريعًا لهذا السبب أو ذاك، ولا يرسمن سياسات الدولة التي قامت على أنقاض الفلسطينيّين في غفلة من زمان.

وحين اعتقل بسبب مشاجرة مع شباب إسرائيليّين لم يطيقوا رؤيته وهو يخاصر عاهرة إسرائيليّة ويسير معها إلى البار، تعرّف في السجن إلى فدائيّين كما قال لي في ما بعد، تأثّر بهم وبأحاديثهم عن الوطن وعن التضحية والفداء. غادر السجن ليعود إليه بعد قيامه

بتهريب أسلحة إلى داخل البلاد. ثمّ قبض عليه جرّاء ذلك وحكم عليه بالسجن ثلاثًا وعشرين سنة.

* * *

ويا والدي، أنا أصبت بصدمة لَمّا وقعت هذه الهزيمة. وكلّ الفلسطينيين هنا أصيبوا بصدمة، اعتقدنا أنّ عبد الناصر سوف يحرّر فلسطين. وعلى كلّ حال، أرجو أن تكونوا بخير، وألّا يكون أحدٌ من أفراد العشيرة قد أصيب بسوء. وأرجو أن يعينكم الله على هذا الاحتلال.

زوجتي جيزيل تتعاطف معكم. حفيدك سيمون بوليفار يسألني دائمًا: أين تقع فلسطين؟ وأنا أشرح له وأعلّمه بعض كلمات باللغة العربيّة. أبناء العشيرة يهدونكم السلام. وهم يتحدّثون لأهل البرازيل عن مأساة شعبنا. لكنّهم يقضون أوقاتًا كثيرة في اللهو، وفهمك كفاية يا والدي.

وكنت أفكّر بأن آتي لزيارتكم أنا وجيزيل وابننا سيمون بوليفار. قلت ستتعرّف جيزيل على أهل زوجها. ولكثرة ما حدّثتها عنك صارت مشتاقة لأن تراك. وقلت: أزوركم وأبوس يديك ويديّ الوالدة، وأطمئنّ على أخوتي وأخواتي وعلى أبناء عشيرة العبد اللات. وقلت: هذي فرصة لكي تزور جيزيل القدس، وستفرح عندما تدخل كنيسة القيامة والمسجد الأقصى. وسيفرح حفيدك سيمون بوليفار باللقاء معك وهو يتكلّم بعض مفردات عربيّة. غير أنّني بعد سقوط القدس في أيدي المحتلّين، تعاهدت أنا وجيزيل على أنّنا لن نزورها إلا بعد اندحار الغزاة. واستعضنا عن الزيارة بالدعاية لفلسطين ولشعبها. جيزيل تقوم بعقد اجتماعات احتجاجيّة ضدّ الاحتلال يشارك فيها رجال متعاطفون

ونساء متعاطفات مع الشعب الفلسطيني. جيزيل تنهض من نومها في الصباح وهي تحلم بفلسطين وتنام وهي تحلم بها. علّمتها نشيد موطني، وتعلّمه أيضًا ابننا سيمون بوليفار، وصرنا ننشده كلّما التقينا في إحدى الساحات مع حشد من الفلسطينيّين والعرب وأصدقائنا من البرازيليّين والبرازيليّات. وأخبرك يا والدي بأنّ سيمون التحق بنادٍ لكرة القدم، للتدرّب منذ الصغر على هذه اللعبة، والتحقت أنا وجيزيل بجمعيّة خيريّة لرعاية الأطفال الأيتام، نذهب إلى هناك في بعض أوقات الفراغ. أقبّل يديك ويديّ الوالدة، ومن هنا أرسل لك ولها ألف حمل سلام. ولأخي محمّد الأصغر ألف حمل سلام. والسلام ختام.

ابنكم المشتاق: عطوان
ريو دي جانيرو 1967/9/25

6

عدنا، أنا وسناء، من عيادة الطبيب، ولم تصدّق أمّي أنّ سناء كانت تجهل الحقيقة. وظلّ أبي متأرجحًا بين التصديق والتكذيب. اعتقدت أمّي أنّ زوج سناء الأوّل لم يطلّقها إلا لأنّه اكتشف أنّها عاقر. صارت أمّي تنظر إلى سناء بارتياب، وهي على قناعة بأنّ المرأة العاقر ربّما كانت مسكونة بشيطان أو جان، يمنعها من الإخصاب، ويكون ذلك نذير شؤم على عائلة العبد اللات، وقد ينتشر أذاها إلى غيرها من نساء العائلة، وعليها أن تتّخذ الاحتياطات اللازمة لكي تحاصر هذا الأذى.

وفي هذه الحالة، فإنّ الطلاق أو الزواج بامرأة ثانية هو الحلّ الأقلّ سوءًا، ولا تدري أمّي كيف تقنعني بتنفيذ رغبتها، وهي ترى في العناد الذي أبديه فألاً سيّئًا، وفي هذا العناد استهانة بمصير العائلة وبمصيري الشخصي، لأنّني سأهرم مع الزمن، ولن أجد ولدًا من صلبي يقودني في الطريق، ولن أجد بنتًا تغسل ملابسي وتقدّم لي علبة الدواء.

شعرت سناء بالإهانة. قالت إنّ هذا السبب لم يكن من ضمن الأسباب التي دفعتهما، هي وزوجها الأوّل، إلى الانفصال. قالت إنّه كان مصرًّا على تأخير الإنجاب خمس سنوات، لأنّه يريد أن يستمتع

بعلاقة مع زوجته لا يعكّرها صخب الأطفال. ولم تنتبه سناء آنذاك إلى أنّها لا تستطيع الإنجاب، وهي لم تخدع زوجها محمّد الأصغر.

صدّقتُ كلّ كلمة قالتها سناء، فهي ليست من نوع النساء اللواتي يستخدمن الحيلة لتمرير شؤون حياتهنّ. ولم تصدّقها أمّي، ظلّت موقنة بأنّها لعبت معي لعبة ماكرة. وظلّ أبي متشكّكًا، راح يلحّ عليّ بضرورة الزواج بامرأة ثانية لكي أظفر بولد يرثني بعد الممات.

لم تعترض سناء على زواجي بامرأة ثانية، إلا أنّها أوضحت موقفها بصراحة ووضوح: لن أعيش مع ضرّة.

قالت إنّها تحبّذ في هذه الحالة أن تحصل على الطلاق. وأنا أكره التلفّظ بكلمة: طلاق، ولا أطيق سماعها بعد كلّ الذي خبرته جرّاء عملي في المحكمة الشرعيّة. لم أفكّر لحظة واحدة في الانفصال عن سناء، ثم إنّني خبرت مشكلات الضرائر، وعرفت كيف أنّ حالات طلاق كثيرة، شهدتُها، كانت بسبب تعدّد الزوجات.

اهتزّت حياتي ووقعت في صراع بين رغبتي في المحافظة على سناء، وبين رغبة أبي وأمّي في فرض الزواج مجدّدًا عليّ. كان أخي محمّد الكبير يؤازرني، يُسمعني كلامًا فيه تأكيد على ضرورة الانحياز لموقف سناء. وكان لزوجته مريم رأي مشابه، حتّى إنّ أمّي، سامحها الله، اتّهمت أخي محمّد الكبير بأنّه لا ينطق إلا وفقًا لما تمليه عليه مريم. تهمس في أذني: في رقبة أخيك رسن، طرفه الآخر في يد مريم.

وتحذّرني بالهمس أيضًا: إيّاك أن تضع سناء الرسن في رقبتك يا ولدي.

وكنت أحتمل كلامها، وأتابع أخبار أخي محمّد الكبير الذي اعتقله المحتلّون بعد عام من هزيمة سبعة وستّين. قال: اعتقلوني ووجدت في السجن أعدادًا كبيرة من المعتقلين.

بقي في السجن تسعة أشهر. وحين أفرجوا عنه روى لنا كثيرًا ممّا شاهده وجرّبه أثناء التحقيق. حدّثنا في الليلة التالية لمغادرته السجن عن قاسم أبو عكر، ابن القدس، الذي ظلّ المحقّقون يعذّبونه بصعقات الكهرباء وبالضرب المتكرّر بالعصا على رأسه حتّى مات. ولأنّ الحديث يجرّ الحديث، تذكّر أخي بطولات مشابهة تحت التعذيب، قرأ عنها في كُتب ومنشورات.ولأنّ الجدّ لا يضيره أن يعقبه كلام خفيف، راح أخي فليحان يتمنّى على الفوج الثاني من أبناء العشيرة الذين أرسلهم أخي محمّد الكبير للدراسة في الإتحاد السوفياتي، ألا يصرفوا كثيرًا من الوقت مع الروسيّات الشقراوات، وأن ينصرفوا إلى العلم، لعلّ المتخصّصين في دراسة الطبّ منهم يعودون إلى راس النبع، وفي جعبتهم علاج لمشكلته التي حرمته من اللذّة التي جعلها الله تحلّ في الأجساد.

وظللنا نتبادل الأحاديث إلى أن شعرنا باكتفاء، فتفرقنا كلّ إلى شأنه ونحن على يقين من أنّنا سنلتقي من جديد، وسنعود إلى الكلام على شتّى القضايا والموضوعات.

عمل أخي محمّد الكبير في فندق الإمبسادور الكائن في حيّ الشيخ جرّاح نادلًا يقدّم الطعام لزبائن الفندق في المطعم الواقع في الطابق الأرضي. كان وهو يؤدّي عمله طوال ساعات، يتذكّر المطاعم السابقة التي عمل فيها في يافا والقدس، ويستعرض على نحو خاطف رحلة حياته التي لم تكن سهلة، والتي كان يمكن أن يظلّ محدود الوعي خلالها لولا ظهور مريم في أفق حياته، وكانت دليله إلى أفكار جديدة لم تكن تخطر بباله.

عملت مريم في مكتبة لبيع القرطاسيّة والكتب. قالت: في الأوقات التي لا يكون فيها زبائن، أسترسل في تأمّل رحلتي في الحياة، وأعجب كيف استطعت تحويل محمّد إلى الاقتناع بأفكاري التي

استلهمتها من أخي إلياس! وأكثرت من الحديث عن معدن محمّد الذي لم يلبث أن تكشّف على حقيقته بعد قليل من الجهد والتعب. كان في بداية الأمر غير مستعدّ للحوار، ولديه قدر من الشراسة وعدم الاطمئنان، ثمّ عندما انجذب إلى مريم راح يصغي إليها بكلّ اهتمام، فشعرت بأنّها أنقذت إنسانًا كان يمكن أن يتوه في خضمّ الحياة وتلاطم أمواجها.

تحدّثت مريم عن ذلك من دون ملل، وبدت مسرورة لهذا الإنجاز. قالت: نعم، مسرورة رغم ما تجرّعناه، أنا ومحمّد، من عذاب جرّاء سنوات الاعتقال.

وكان أخي في زمن مضى لا يقرأ سوى منشورات الحزب السرّيّة. ولَمّا أيقن أنّ مدّة حبسه في سجن الجفر الصحراوي سوف تطول، اهتمّ بقراءة الكتب. قال: قرأت كتبًا كثيرة من بينها ثلاثيّة نجيب محفوظ وأعجبت بها. أعجبت بشخصيّة أحمد عبد الجوّاد، ورأيت فيه شيئًا من ملامح والدنا منّان، وبشخصيّة أمينة ورأيت فيها شيئًا من ملامح جدّتنا صبحا. وقرأت رواية «بداية ونهاية» لمحفوظ. وكنت معنيًّا بمتابعة مصير الأسرة التي مات معيلها ثم مزّقتها تعقيدات الحياة. كيف أصبح الأخ الكبير حسن بلطجيًّا! والأخت نفيسة عاهرة! والأخ حسنين ضابطًا في الشرطة! وكانت له تطلّعات بورجوازيّة تغذّي فيه حسّ الأنانيّة والاهتمام بمصالحه الخاصّة، ولَمّا اكتشف أنّ أخته عاهرة، اسودّت الدنيا في عينيه، فدفعها إلى إنهاء حياتها. ألقت بجسدها في النيل، ثمّ ألقى بجسده فيه، عندما لم يجد من مخرج أمامه سوى الانتحار.

قال لي أخي إنّه، بعد انتهائه من قراءة الرواية، راح يفكّر وهو في سجنه بعائلتنا، وبما أقدمت عليه أختنا فلحة، وقال إنّه أثنى على تصرّف العم عبد الجبّار لأنّه لم يذبحها لَمّا عثر عليها بعد طول

اختفاء. وقال أخي إنّه أثنى على تصرّف الوالد الذي عفا عن فلحة، وطلب منّا جميعًا أن نعفو عنها، لأنّها تزوّجت الرجل الذي أحبّته.

* * *

ويا والدي، في مثل هذا اليوم قبل عشر سنوات، ركبت الطائرة من مطار قلنديا وسافرت إلى البرازيل. ومنذ ذلك الوقت لم أر راس النبع ولم أر القدس، ولم أتشرّف بمشاهدتكم وتقبيل أياديكم أنت والوالدة.

والصحيح، أنّني لم أكن منتبهًا إلى تلك الذكرى. جيزيل هي التي انتبهت إليها، وقالت: لا بدّ من احتفال. قلت لها: يا جيزيل، أنت تعرفين ظروف القدس الآن وتريدين أن نحتفل؟! ظلّت مصرّة على إقامة الاحتفال. قالت إنّنا سندعو بعض الصديقات والأصدقاء البرازيليّين، وسنتّخذ من ذلك فرصة للتذكير بأنّ القدس واقعة تحت الاحتلال، ولا بدّ من التضامن معها ومع أهلها الفلسطينيّين. وقالت: إنّ هذا الاحتفال ضروريّ لكي يعرف ابننا سيمون بوليفار التفاصيل الخاصّة برحلة أبيه في الحياة.

تأثّرت يا والدي وكادت الدموع تطفر من عينيّ وأنا أتخيّل حفيدك سيمون وهو يشبّ وينشأ في بلاد غريبة، ولا يعرف شيئًا عن حياة أبيه قبل القدوم إلى هذه البلاد، وعن جدّه منّان، وعن شعبه. وهو من دون شكّ يعرف أشياء طفيفة، وما زال بحاجة إلى مزيد من المعلومات. أمّا فرحتي الكبرى فستكون عندما تتحرّر البلاد، ونأتي أنا وجيزيل وسيمون لزيارة فلسطين، والتمتّع بمشاهدتها ومشاهدتكم.

إن سألتم عنّي فإنّني بصحّة جيّدة، لكنّني أتعب في الشغل. هنا، لا يستطيع الشخص أن يأكل إن لم يشتغل ويتعب وينزف كثيرًا من العرق.

أقبّل يديك ويديّ الوالدة، وأرسل أنا وجيزيل لك وللوالدة ألف حمل سلام، ومن ابننا سيمون بوليفار ألف حمل سلام لجدّه منّان ولجدّته مثيلة. والسلام ختام.

ابنكم المشتاق: عطوان
ريو دي جانيرو 1968/12/9

غادر أخي محمّد الكبير السجن الإسرائيلي وظلّ مقيمًا في القدس. قال: نعم، غادرت السجن وأنا مسرور لمغادرة جدرانه اللي تغمّ البال، وحزين في الوقت نفسه بسبب الزملاء اللي ما زالوا خلف الجدران.

اقترحتْ عليه مريم أن يفتتح كشكًا لبيع الصحف والمجلات والكتب. أعجبته الفكرة ووجد فيها إراحة لجسده بعد هذا العمر، وتعبيرًا عن حبّه للكتب. افتتح الكشك وراح يبيع فيه الكتب والمجلات والصحف، وحين لا يكون لديه زبائن ينهمك في القراءة. قال: صحيح، وأصبحت لي علاقات مع المثقّفين والصحافيّين في المدينة. كانوا يتحلّقون حولي، وأتبادل معهم أحاديث في الثقافة. بعدين، نتحدّث عن القدس ومصيرها، وتكون لنا آراء مختلفة، وأنا لا أحاول أن أفرض أفكاري على أحد.

وحين عرف أخي أنّ فرقة مسرحيّة ظهرت في القدس، تحمّس لها وانجذب إلى تتبّع أخبارها. سارع هو ومريم إلى زيارة مقرّها في حيّ الشيخ جرّاح لتشجيعها ولتحشيد الناس لمتابعة عروضها. هناك، تعرّف إلى رئيس الفرقة، وإلى ممثّلين آخرين. ثمّ دعاني أنا وسناء لحضور أحد عروض الفرقة على مسرح المدرسة العمريّة في

القدس. تردّدت قليلاً، بحكم عملي في المحكمة الشرعيّة، وبسبب أنّني مأذون شرعي. كدت أعتذر عن عدم الذهاب لولا إلحاح سناء التي اعتبرت ذهابي إلى المسرح أمرًا طبيعيًّا لا يستدعي أيّ تردّد.

ذهبنا، وكم اهتزّت مشاعرنا ونحن نشاهد العرض المسرحي للفرقة! أخي محمّد الكبير قال إنّه هو ومريم تأثّرا وهما يشاهدان هذا العرض الذي يمكن تأويله على أنّ فيه دعوة لمقاومة التخلّف، أو مقاومة الاحتلال أو الاثنين معًا. وقال إنّه تذكّر هو ومريم خليل السكاكيني الذي كان أحد أهمّ دعاة التنوير في المدينة وفي فلسطين (قال: كم بكت مريم عندما مات السكاكيني في القاهرة بعيدًا من القدس، ومن بيته في حيّ القطمون الذي استولى عليه الصهاينة المحتلّون!). وقال إنّ العاملين في الفرقة المسرحيّة، هم امتداد طبيعي للسكاكيني وروحي الخالدي وكلثوم عودة ونصري الجوزي وآخرين. وقال إنّ مريم معجبة بالممثّلة الوحيدة في الفرقة. قالت: صحيح، أنا معجبة بها وأعتبرها رائدة شجاعة لأنّها قبلت الظهور على خشبة المسرح، في وقت كانت النساء المقدسيّات، مع الأسف، عازفات عن المشاركة في التمثيل.

بعد مشاهدة العرض المسرحي قلت لسناء: وجدتها. قالت: ماذا وجدت يا أرخميدس؟ ابتسمت لدعابتها وقلت: سأكتب نصًّا مسرحيًّا للفرقة.

تأمّلت سناء ما قلته للتوّ وقالت: هذا أمر مفرح.

قلت: سأكتب نصًّا عن النساء في مجتمعنا وعن الظلم الواقع عليهن، وسيقف شعر رؤوس المشاهدين وهم يتابعون العرض المسرحي. سأكتب دورًا مناسبًا للممثّلة الوحيدة في الفرقة، وسأُدخل تجربتي في المحكمة الشرعيّة في النصّ المسرحي، وسأفكّر بإسناد دور المأذون الشرعي للممثّل الذي أدّى دور المثقّف الثرثار،

لما يتّسم به أداؤه من براعة وإقناع. وأعتقد أنّ الجمهور سيصفّق كثيرًا له، وستنزل دموع الفرح من عينيّ وأنا أرى دوري مجسّدًا على خشبة المسرح من خلال ممثّل متميّز، وكلماتي هي التي تدور على لسانه وتتشكّل على خشبة المسرح في أداء مبهر. قلت لسناء إنّني سأنظر إلى وجهها بين الحين والآخر، وهي جالسة إلى جواري، لأرصد ردّ فعلها على العرض، وعلى المشكلة التي أطرحها، لتشكّل انطلاقة جديدة في المسرح الفلسطيني.

طوّقتني سناء بذراعها، وقالت: حاول أن تستريح لتنجز المهمّة اللي نذرت نفسك لها.

نعم، نذرت نفسي لها ابتداء من هذه الليلة. قبّلتها على خدّيها، ثم ذهبنا إلى السرير.

في اليوم التالي رحت أتأهّب للكتابة. وكنت معنيًا بتلك المشكلة التي دوّنتها من قبل في دفتري: عريسٌ يتأهّب لليلة الدخلة التي تثير الرهبة في نفسه، غير مكترث للرهبة التي تعتري العروس. بل إنّ العروس تصاب برهبة أفدح، تتصاعد حين تبدأ النساء بترديد الأغاني الحزينة التي تواكب انتقالها من بيت أبيها إلى بيت عريسها. تدخل إلى الغرفة التي سيختلي بها عريسها فيها وهي مرتبكة. والعريس لا ينسى في تلك الدقائق الحاسمة نصيحة والده الذي قال له: اقطع راس القطّ من اللحظة الأولى، وإلا فسوف تعيش عمرك كلّه وأنت مذلٌّ مهان، وسوف تتحكّم فيك وتركبك. وبالطبع، فإنّ كلام أبيه يكفيه ليعرف كيف يفكّك هذا التعبير المجازيّ الخاصّ بقطع رأس القط. يتّجه إلى الغرفة التي تنتظره فيها العروس، يضربه والده قبل الدخول على ظهره بحزامه الجلديّ العريض، لضمان ألا يرتخي ظهره ويخفق في اقتحام جسد العروس. يدخل عليها ويطلب منها أن تتعرّى في الحال، بما يوحي أنّه غير مستعدّ لإمهالها دقيقة واحدة

لممارسة شيء من الغنج والـدلال. تتعرّى وهي ترتجف. يحتويها بشراسة، وخلال دقائق معدودات ينتهى من مهمّته. والعروس منذ تلك الليلة تعاني من ألم في أحشائها أورثها نفورًا من مواقعة زوجها لها. ظلّ هذا النفور يتكرّر حتّى شكّ في أنّها غير معجبة به.

صار يخرج إلى عمله بعد أن يغلق عليها باب البيت بالمفتاح. ولم تكن الشبابيك سهلة الاختراق، لأنّها مزنّرة بشبك من حديد. والزوجة رهينة البيت لا تغادره. وفي الليل، حين يقترب الزوج من فراشها تختلق أعـذارًا كثيرة لصدّه، ولتجنّب الألم الذي يعقب المواقعة ويستمرّ ليومين أو لثلاثة أيام. والـزوج يـزداد حنقًا على زوجته، وتتعدّد تفسيراته وتأويلاته لموقفها ولـردود أفعالها على مواقعته لها.

وقعت المفاجأة عندما فتّش حقيبة يدها ووجد فيها مفتاحًا لباب البيت غير المفتاح الـذي يملكه. تفجّرت الشكوك ووقع الخلاف. شكّ في أنّ لها ممارسات خفيّة أثناء غيابه. أقسمت أغلظ الأيمان أنّها عفيفة طاهرة، وأنّها لم تكن تفعل شيئًا سوى الجلوس في ساحة الدار، واستقبال بعض الجارات لتمضية الوقت ولتبادل الأخبار، ولـدى اقتراب موعد عودته إلى البيت تغلق على نفسها بالمفتاح لكي يطمئنّ إلى أنّ البضاعة مخزونة في مكانها بأمان. قالت إنّها لو لم تفعل ذلك، ولو لم تحصل على مفتاح إضافيّ للبيت، اجتهد بتدبيره لها أحد أخوتها، لماتت من القهر في هذا الحبس المنزليّ الذي لا يطاق. ولم يكن بدٌّ من الطلاق.

قلت: أسلسل النصّ في مشاهد مؤثّرة. أصوّر الزوج قبل أن يقطع رأس القطّ وبعد أن قام بقطع رأسه. كيف كان مرتبكًا متوتّرًا في البداية! وكيف صار يتباهى بفحولته بعد ذلك! ثمّ كيف صار شكّاكًا! أصوّر الزوجة الوادعة قبل ليلة الزفاف وبعدها، كيف تبدّلت

احتمالات اللذّة التي بشّرتها بها بعض النساء المتزوّجات، وتحوّلت إلى شرّ منذر بالألم وبالمعاناة! وبالطبع، لا بدّ من إدخال شخصيّات أخرى في النص: الأب الذي حرّض ابنه على قطع رأس القط، وأمّ العروس وبقيّة الأهل الذين ظلّوا معنيّين بأن يروا المنديل الأبيض الغارق بدم العروس، والعريس يخرج ملوّحًا به أمام خلق الله أجمعين، ثم تنطلق الزغاريد مزدهية باحتفاظ العروس ببكارتها حتّى لحظة دخول عريسها عليها. قلت: سأخصّص دورًا للمأذون الذي سيعقد قران العريس على العروس. سأعطيه دورًا مشرّفًا، فلا أصوّره شخصًا نهمًا أكولاً، ينتظر بفارغ الصبر تقديم الطعام، لالتهام الرزّ واللحم من دون احتشام، وهو ما تعرضه الأفلام المصريّة إذ تصف بصدق سلوك بعض المأذونين. ولن أصوّره شخصًا متباهيًا بعلمه ومعرفته وهو في الحقيقة لا ينطوي إلا على قليل من العلم والمعرفة.

قلت: سأقوم بمفاجأة الفرقة المسرحيّة بنصّ جاهز، ومن المؤكّد أن يعبّر رئيس الفرقة وأعضاؤها عن الغبطة باكتشافهم كاتبًا مسرحيًّا. وسينظرون إليّ بإعجاب لأنّني كتمت الأمر عنهم إلى أن زرتهم ذات مساء وفي يدي حقيبتي السوداء التي أحتفظ فيها ببعض الملفّات الخاصّة بعملي في المحكمة الشرعيّة. أتشاغل بفتح الحقيبة لمزيد من التشويق، سينظرون إليّ بفضول، وسيُدهشون وهم يرون نصًّا مسرحيًّا مكتملاً، وفيه اقتراحات ناجزة للمخرج: كيف يوزّع الأدوار، ويختار الديكور والإضاءة والملابس وكلّ الإكسسوارات الضروريّة لعرض مسرحي جذّاب. سأقول لهم وأنا أضع النصّ بين يديّ المخرج: هذا نصّ نزفت دم قلبي وأنا أكتبه، ولديّ قناعة بأنّ المشاهدين وهم يتابعونه مجسّدًا على خشبة المسرح، سيقف شعر رؤوسهم من شدّة الانفعال.

قلت كلامًا كثيرًا بيني وبين نفسي وأنا أتقلّب في الفراش إلى جوار سناء. والعجيب أنّني لم أفكّر في ليلة الأرق تلك بكيفيّة كتابة النصّ المسرحي، ولم أقم بتأليف بعض مشاهده في ذهني كما يفعل في العادة، وكما علمت في ما بعد، المؤلّفون. كلّ اهتمامي كان منصبًّا على لحظات الذهاب مساء إلى مقرّ الفرقة، ومن ثمّ فتح الحقيبة لاستخراج النصّ المدوّن بخطّ اليد، المحفوظ في ملفّ برتقاليّ اللون، وتقديمه للمخرج، ورصد ردّ الفعل على ذلك.

أثناء المعايشة الدقيقة لهذه اللحظات وأنا في السرير، انتابني الانفعال فازداد أرقي، وامتلأت مثانتي وكثرت فرص نهوضي من السرير وذهابي إلى الحمّام، وقلّت فرص تسلّل النعاس إلى جفنيّ، ما جعلني دائم التقلّب في السرير، وجعلني أرتطم بين الحين والآخر بساقَي سناء، ما تسبّب في إيقاظها وهي منزعجة، لتقول لي ونحن غاطسان في الظلام: شو جرى لك يا محمّد؟ ليش ما تنام؟

اعتذرت منها، وأدركت على الفور أنّها متعاطفة معي. شرحت لها أنّ هذا هو قلق المبدع عندما تتمخّض موهبته ويكون على وشك أن يلد مولوده الإبداعي. ابتسمت من دون أن ترى سناء ابتسامتي، وقلت: هل تعلمين؟ مثل المرأة التي تتهيّأ للولادة، توتّر نفسي وشدّ عضلي وانفعال وخوف وقلق إلى أن ينزل المولود من بطنها.

ظلّت سناء متلفّعة بالصمت فشعرت بأنّني لم أكن موفّقًا في عقد المقارنة رغم صحّتها، إذ أصبحت لديها حساسيّة من ذكر الحبل والميلاد. مع ذلك تفهّمتْ المقارنة التي عقدتها وقالت: ما تقوله صحيح. عرفته من قراءاتي حول تجارب الكتّاب قبل الكتابة وأثناءها وبعدها.

لمستُ شعرها وشكرتها على تفهّمها، لكنّها نصحتني بأخذ قسط من النوم كي أتمكّن من أداء عملي في المحكمة في الصباح التالي.

نامت سناء. حاولت النوم ولم أستطع. نهضت بخفّة من السرير محاذرًا أن أنغّص عليها نومها من جديد، اتّجهت إلى صالة الضيوف، حاولت النوم على الكنبة ولم أتمكّن من ذلك، بقيت مسهّدًا حتّى الصباح. قلت لنفسي: هذه هي ضريبة الكتابة، وعليّ أن أحتمل تبعاتها من دون تذمّر أو استنكاف.

بعد عودتي من المحكمة، تناولنا أنا وسناء طعام الغداء. كنت مرهقًا، وهي لاحظت ذلك ولم تشأ أن تشعرني بالذنب لما وقع في الليلة الماضية. نمت ساعتين بعد الغداء، ونهضت بهمّة وتصميم على العمل. جلست إلى المائدة التي تناولنا عليها طعام الغداء. قلت لنفسي: بعد نجاحي في كتابة النصّ المسرحيّ سأشتري طاولة خاصّة، أضعها في ركن الصالة لغايات الكتابة وتأليف النصوص.

أحضرت ما يكفي من الورق. وأحضرت أقلام الحبر الناشف، وفتحت دفتري الذي يحوي قصص المطلّقات، وبدأت الكتابة. كتبت توصيفًا للمشهد الأوّل. ثمّ انهمكت في تصوّر الحوار الذي سأبدأ به المشهد. سيكون الحوار باللهجة العاميّة الفلسطينيّة. وبما أنّني تعرّفت إلى أعضاء الفرقة المسرحيّة واقتربت من شخصيّاتهم، ومن شخصيّة الممثّلة الوحيدة في الفرقة، فسوف يكون الحوار الذي أكتبه مناسبًا لطبيعة الشخصيّات.

قلت: سأبدأ من موقف مثير يشدّ الجمهور إلى متابعة العرض وهو أمام توقّعات ساخنة. بدأت من اختلاء الأب بابنه وهو ينصحه بضرورة قطع رأس القطّ من اللحظة الأولى. كتبت جملة ثم أخرى. وفكّرت في الجملة الثالثة التي يتعيّن على الأب أن ينطقها، فوجدت أنّه أكمل رسالته بجملتين ولم يعد لديه ما يضيفه، والابن يقول في تصميمِ مَنْ سيدخل معركة بعد قليل: حاضر يا والدي، حاضر.

حين لم أوفّق في استكمال المشهد، حاولت طمأنة نفسي بأنّ توفيق الحكيم لو وُضع أمام مهمّة كهذه فلربّما لن يتمكّن من إنجازها بالسهولة المتوخّاة. نهضت واتّجهت إلى المطبخ، وغليت فنجانَي قهوة لي ولسناء. حدّثتها عمّا أنجزته ولم أنجزه بعد. هزّت رأسها وهي تشرب القهوة، وطلبت منّي أن أواصل الكتابة.

تكرّرت محاولاتي ولم أنجح. كتبت سطورًا غير مترابطة، ومشاهد تفتقر إلى حرارة التجربة. مزّقت كثيرًا من الأوراق. ولم تكفّ سناء عن تشجيعي. قالت إنّ تمزيق الأوراق طقس من طقوس الكتّاب الموهوبين. فاستبشرت خيرًا جرّاء ذلك، وأمعنت في تمزيق الأوراق لعلّ شيطان الإبداع يرأف بحالي، ولكن من دون جدوى.

فجأة، التمعت في ذهني تلك القضيّة التي لم أسجّلها في دفتري، لأنّ المحكمة لم تنظر فيها بسبب اشتعال الحرب في ذلك النهار. تذكّرت الرجل والمرأة اللذين جاءا للطلاق، وطلب القاضي منهما الحضور إلى المحكمة بعد انتهاء الحرب. انتهت الحرب، ولم يعد الرجل وزوجته إلى المحكمة. تأمّلت الأمر ووجدت أنّه قابل لشتّى الاحتمالات. هل قتل الرجل أو قتلت المرأة؟ أم قتلا معًا بسبب قذيفة هدمت الدار؟ هل عاش الرجل والمرأة الأيّام الستّة للحرب وما أعقبها من ذلّ ومهانة ومن انتظار لما سيفعله المنتصرون بأهل البلاد، وكان من نتيجة ذلك أن عاد الوئام إليهما تحت ضغط الظروف الجديدة المباغتة؟ هل اغتنم الزوج فرصة إعلان المحتلّين بأنّ الراغبين في مغادرة البلاد تنتظرهم الحافلات لنقلهم مجّانًا إلى الجسر، ومن ثمّ غادر في إحدى هذه الحافلات، وتوجّه إلى الشرق ليبتعد عن زوجة لا يريدها ولا يرغب فيها؟ هل غادرت هي وأهلها البلاد، ما يجعلها معلّقة غير مطلّقة، وهذا أمر قد يجعل حياتها جحيمًا؟

رحت أتخيّل المشاهد التي يمكن أن تدور على خشبة المسرح للتعبير عن هذه المسألة فوجدتها مثيرة للاهتمام. قلت سأكتبها للمسرح وسأجعل المشاهدين يتابعونها بانبهار. ولَمّا بدأت الكتابة لم يخرج منّي سوى كلام باهت. شرحت حالي لسناء. قلت لها: أكون منفعلاً متحمّسًا لتفريغ ما في نفسي على الورق، فلمّا أبدأ عمليّة التفريغ تأتي الحصيلة على غير ما توقّعت. قالت: لا أعرف السبب في ذلك، لكنّ الكتابة الإبداعيّة ليست هيّنة.

قلت: أشرح فكرتي للفرقة، وأستعين بأسلوبها المتّبع في الإرتجال والتأليف الجماعيّ الذي تنتهجه، تعويضًا لها عن عدم وجود كتّاب مسرحيّين في البلاد. ارتحت لذلك وقلت: ربّما تتفتّق قريحتي أثناء التفكير في المشاهد المرتجلة عن شيء ذي بال.

وكنت بين الحين والآخر أرغب في اقتطاع جزء من وقتي للتأمّل.

حين يكون الطقس ربيعيًّا، تهبّ نسائم عذبة وتتمطّى غيوم بيضاء في السماء، ولا يلذّ لي إلا الجلوس في الحديقة التي أمام بيتي، والانزواء عن العيون. حتّى سناء التي تعرف أين أنا، كانت تتيح لي فرصة للانزواء. هي تعرف أنّني أحبّ الاختلاء بنفسي للنظر في ما حولي، ولإراحة أعصابي من الهموم. أنظر إلى الوراء وأعيد قراءة تجربتي في الحياة. أعيد قراءة السنوات التي قضيتها حتّى الآن موظّفًا في المحكمة الشرعيّة.

كانت لي طموحات. رغبت وأنا فتى مراهق في أن أكون ممثّلاً. وحين عملت في المحكمة تبخّرت هذه الرغبة، وحلّ محلّها ميل إلى الكتابة. ولعلّ تراكم القصص التي دوّنتها في دفتري عن المطلّقات هو الذي حفّزني على دخول عالم الكتابة ما دامت لديّ المادّة الخام التي لا ينقصها سوى استيعاب جيّد للغة.

كنت واثقًا من إتقاني للغة العربيّة جرّاء قراءاتي المتعدّدة وحفظي للقرآن ولقصائد من الشعر العربي في مختلف العصور. ثم اكتشفت أنّ للكتابة شروطًا أخرى غير المادّة الخام واللغة. هناك عنصر لا بدّ من توافره في الشخص الذي يرغب في أن يكون كاتبًا: لعلّها الموهبة أو الحساسيّة الخاصّة التي تتغلغل في المادّة الخام، تملأها بالحيويّة وبالقدرة على الوصول إلى المتلقّي من دون إثقال عليه أو إسفاف.

وتوقّعت، انطلاقًا من سهولة أداء الممثّلين للحوارات أنّ بإمكاني كتابة حوارات مشابهة. لكن،عندما شرعت في ذلك، وجدت صعوبة بالغة. وتأكّد لي بالتجربة وبالدليل الحيّ أنّني لست موهوبًا، ولن أتمكّن من كتابة صفحة واحدة فيها لمحة إبداع أو إشراقة فن. رحت أفكّر في الأمر، فوجدت أنّ عملي في المحكمة هو السبب. كيف يستطيع أن يكون كاتبًا من أمضى خمس عشرة سنة موظّفًا في محكمة شرعيّة، مهمّته كتابة عقود زواج بصيغة ثابتة متكرّرة، وإصدار شهادات حصر إرث وأوراق طلاق بصيغ لغويّة مألوفة. شعرت بأنّني مقيّد بقيود غير منظورة جعلتني مجرّد آلة تدور على نحو روتينيّ، وليس ثَمّة إبداع.

وتذكّرت عمّي عبّاس، الـذي مازحني يـوم أصبحت مأذونًا شرعيًّا، فروى لي الحادثة التالية، قال: ذهب رجل وابنه إلى بيت أحد الأشخاص، جلسا في حضرة المضيف. قال الرجل: يسرّني أن أطلب يد ابنتك لابني كي يفعل فيها. غضب المضيف واستاء من قلّة أدب الرجل، وطرده هو وابنه من بيته.

بعد شهرين، عاد الرجل وابنه إلى بيت الشخص نفسه. جلسا بأدب واحترام، وقال الرجل: يسرّني أن أطلب يد ابنتك لابني، لأنّني أريد أن أتشرّف بمصاهرتك. وافق المضيف على طلب الرجل يد ابنته لابنه. ولَمّا تمّ الزواج، أوصى الرجل ابنه بأن لا يقترب من فراش العروس.

احتملتِ العروس الأمر أربعة أسابيع، ثم أخبرت أمّها بأنّ العريس لم يقم بواجبه الزوجيّ حتّى الآن. فلم تحتمل الأمّ هذا الخبر، نقلته إلى زوجها الذي لم ينتظر. ذهب إلى والد العريس وفاتحه بالخبر. سأله هذا: وما الغريب في الأمر؟ قال: العريس لا ينام في فراش العروس. قال والد العريس: يعني لا يفعل فيها؟ قال والد العروس وهو يكظم غيظه من فجاجة الرجل: نعم. قال والد العريس: لَمّا جئناك أوّل مرّة وصارحناك بالأمر طردتنا من بيتك، والآن أنت تطلب ذاك الشيء لابنتك!

يومها، ضحك عمّي عبّاس، وابتسمتُ على مضض. ولا أدري لماذا خطرت ببالي تلك الطرفة الآن! ربّما للتأكيد على تفاهة دوري في المجتمع.

نهضت من مكاني في الحديقة، واتّجهت إلى داخل البيت، فوجدت سناء مضطجعة على السرير في غرفة النوم وهي منكبّة على قراءة كتاب. توقّفت عن القراءة لَمّا رأتني داخلاً عليها وعلى وجهي انفعال. سألتني:

– محمّد، هل هناك ما ينغّص عليك؟

لم أجبها. سحبت الدفتر الذي دوّنت فيه قصص المطلّقات من بين كتب كانت على الكومودينة المجاورة للسرير، واتّجهت نحو المطبخ. تبعتني سناء ووقفت تراقبني من مسافة ما. أشعلت عود كبريت وقرّبته من طرف الدفتر حتّى اشتعلت فيه النار، ثم قذفت به من شبّاك المطبخ نحو الخارج.

نظرت نحو سناء، وكانت غير قادرة، كما يبدو، على التعبير عمّا في نفسها، ثم وجدتها تسألني كما لو أنّها تعرف ما أفكّر فيه:

– وماذا أيضًا؟

قلت في هدوء تام:

– سأستقيل من وظيفتي في المحكمة.

لم يستجب أخي محمّد الكبير لقراري. قال:

– خشينا أنا ومريم، أن نشجّعك على فعل يمكن يكون فيه تسرّع.

وقالت أمّي:

– أنا أنصحك بألّا تترك وظيفتك، لأنّك يمكن ما تلاقي وظيفة أحسن منها.

وأنا، قبل أن أتّخذ هذا القرار، مهّدت له من دون أن أخطّط لذلك، حين طلبت من المحكمة منذ سنة أن تعفيني من مهمّة المأذون، لأنّني ما عدت قادرًا على رؤية بنات في الرابعة عشرة والخامسة عشرة يزوّجهن أهلهنّ ويخرجونهنّ من المدارس، بحجّة أنّ مصير البنت في نهاية المطاف هو الزواج والقعود في البيت.

وأثناء ذلك وقعت المفاجأة: اعتُقل أخي محمّد الكبير مرّة أخرى ثم أبعد إلى الأردن. هناك التقى فؤاد نصّار قائد الحزب. كان قد التقاه أوّل مرّة، كما علمت، حين جاء مع أخي يوسف إلى راس النبع ثم إلى قرية عرب السواحرة، جرّاء إصابته بجرح في كتفه إبّان ثورة ستّة وثلاثين.

كذلك التقى رفيقه الدكتور الذي قام هو ومريم بالدعاية له في انتخابات ستّة وخمسين، وفاز بعضوية البرلمان. زاره محمّد الكبير في عيادته بعمّان، ثم أقام الدكتور له ولعدد من المناضلين المبعدين من الأرض المحتلّة وليمة في قريته القريبة من مدينة الكرك، حيث التقى أخي محمّد الكبير عددًا من أبناء العشائر الأردنيّة، وقسم لا يستهان به منهم ينتمون إلى الأفكار نفسها التي ينتمي إليها.

والتقى صايل، زوج عمّتنا المرحومة معزوزة، وفزّاع ابن عمّتنا. كان أخي يرسل أخباره أوّلاً بأوّل إلى زوجته مريم التي ظلّت مقيمة

في القدس. وهي تنقل لنا كلّ شيء عنه كلّما ذهبت لزيارته. ولَمّا طالت فترة إبعاده من الوطن التحقت به، وأقامت معه في عمّان.

وقلت لأبي:

النساء في عائلتنا مظلومات. ضربت له مثلاً: فهيمة، زوجة أخي عطوان، التي تركها ومضى بعيدًا منها وهي ما زالت تنتظر عودته. وضربتُ له مثلاً: تعدّد الزوجات في عائلتنا، فهو تزوّج ستّ مرّات. ويحتفظ بأربع زوجات حتّى الآن هنّ: مثيلة، صفيّة، سميحة وأمّي وضحا. وكان، كما قال لي، تأسّى كثيرًا على زوجتين فارقتا الحياة وهما شابّتان: فاطمة ووطفا.

قال لي:

أنا أتّبع شرع الله الذي أحلّ لنا أن ننكح ما طاب لنا من النساء مثنى وثلاث ورباع. ذكّرته بقوله تعالى: وإن خفتم ألا تعدلوا فواحدة. قال: نحن عائلة العبد اللات مضروب فينا المثل بأنّ رجالنا هم خدم النساء، يحبّونهنّ ويدلّلونهنّ ولا يعصون لهنّ أمرًا. وقال: حتّى الرجال الذين صاهرونا كانوا مثلنا، يحبّون زوجاتهم ويدلّلونهن، وضرب لي مثلاً: التركيّ علي أوغلو زوج عمّتي مهيوبة الذي كان يحملها على كتفيه ويطوف بها أرجاء البيت، والأردنيّ صايل زوج عمّتي معزوزة الذي ظلّ يبكي أشهرًا عدّة حزنًا على فراقها.

قالت أمّي وهي تستمع للحديث:

– صحيح ما تقوله يا منّان، ولكن...

– ولكن ماذا يا وضحا؟

– لَمّا تغضب يا منّان، قل لي كيف تصير؟

– يا وضحا الغضب أمر استثنائي، ونحن نتكلّم على الأمر المعتاد.

وقال أخي فليحان:

– أنا أوافق على ما يقوله أبي، والدليل معاملتي الطيّبة لزوجتي شيخة، ولزوجتي رسميّة.

قلت:

– هذه الطقوس لا تعني أنّ أمور نسائنا على ما يرام.

لاحظت تكشيرة على وجه أبي، فقلت لنفسي: أبي لا يوافقني الرأي، ولا داعي لاستفزازه.

بعد أيّام من هذا الحوار، حرّضني على ضرورة كتابة شجرة للعائلة. لا أدري من أين نبتت في رأسه فكرة الشجرة. ربّما من أصحابه التجّار في المدينة، الذين يتباهون بأنسابهم التي تفصّلها شجرة العائلة وتوغل بها في الماضي مئات السنين. أبديت أسفي لأنّهم لا يتطرّقون في الشجرة لذكر النساء، فكأنّهنّ من ضلع ناقص كما يقال.

حدّق بي مستغربًا كلامي، وقال إنّ الشجرة توضع في العادة في المضافة التي يأتيها الضيوف، ومن غير المعقول أن نضع أسماء نسائنا أمام أعينهم، وقد يكون من بينهم أناس يفتقرون إلى الأمانة والخلق، ثمّ يذهبون إلى مضافات أخرى لكي يشيعوا عن نسائنا أخبث الشائعات.

قلت له من باب المناكفة إنّ بوسعنا إنجاز شجرتين، واحدة للمضافة وفيها تسلسلٌ لرجالنا من أكبر جدّ حتّى أصغر حفيد، وأخرى لغرفة داخليّة من غرف البيت، وفيها تسلسلٌ لنسائنا من أكبر جدّة حتى أصغر حفيدة. ذكّرته بجدّته مهيوبة التي ما زالت العشيرة تتغنّى بذكرها. وسألته:

– ألا تستحقّ هذه المرأة أن نذكرها في شجرة خاصّة بنساء العائلة؟

هزّ رأسه وقال:

– أشهد أنّها كانت امرأة ولا كلّ النساء.

ثم قال:

– لكنّه العرف، ولكنّها العادة يا محمّد يا ولدي، يفضحنا أهل راس النبع إن رأوا أنّنا نفاخر بنسائنا. سيقولون: من قلّة الرجال صار للنساء عندهم موقع.

قلت له:

– ما لنا وللناس؟

ضاق صدره عن مواصلة الحديث، وقال:

– اسكت يا بني آدم، واشتغل على شجرة عائلة للذكور، وبعدين يفرجها ربّك.

ابتسمت وقلت له:

– حاضر.

تأمّلني بنظرة هادئة وبدا أنّه يتخوّف من أنّني لن أفعل شيئًا للعائلة، وأنّ وعودي كلّها ستظلّ مجرّد كلام في كلام.

جلست وحدي واستعرضت في ذهني ما مرّ على العشيرة من صعوبات، وما عاشته من أزمات. تحرّكت في داخلي نوازع التسجيل التي اعتدتها. قلت: بدلاً من شجرة العائلة التي لا أعوّل عليها كثيرًا، أدوّن تاريخ العشيرة، عشيرة العبد اللات، لأنّه ما زال تاريخًا شفهيًا حتّى الآن يتناقله الخلف عن السلف، وقد يضيع مع تتابع الأجيال وتضاؤل الاهتمام بسير الأجداد. قلت: سأفعل شيئًا يرضي أبي.

دارت الفكرة في رأسي، تشاورت بصددها مع سناء، وتحمّست لها، لكنّي بقيت أؤجّل البدء بتنفيذها أسبوعًا بعد أسبوع، ثم أهملتها ونسيتها في غمرة انشغالات أخرى. إلا أنّي كنت أراني أحلم بها في بعض الأحيان.

وأثناء ذلك، جاءت المفاجأة التي لم تكن في البال.

رأيتها في الشارع. عرفتها في الحال وهي عرفتني، وقالت: أنا قادمة إليك. قلت: ماذا تريدين منّي؟ قالت: أريدك أن تتزوّجني. دُهشت وقلت: أتزوّجك؟! قالت: نعم، لليلة واحدة فقط. ثمّ شرحت لي كيف أنّ زوجها رمى عليها يمين الطلاق ثلاثًا، ولَمّا جاءا معًا إلى المحكمة لإتمام الطلاق، عطّلت الحرب ما انتويا فعله، وعاشت في بيت أهلها طوال أيّام الحرب. وبعد انتهائها، قرّر الزوج استعادة زوجته، وهي كانت راغبة في العودة إليه بعد أن أضجرتها الإقامة في بيت والدها. ولكن، ليتمّ ذلك، لا بدّ من زواج جديد، بعد عقد قرانها على زوج آخر ودخوله عليها لليلة واحدة. قلت لها: أنا مستعدٌّ للزواج بك لليلة واحدة. قلت لها: أتزوّجك وأضع بيني وبينك سيفًا في الفراش. عقدت قراني عليها واختلينا في مخدع أعدّ خصّيصًا لنا. نامت على طرف السرير، ونمت على الطرف الآخر، ووضعتُ السيف بيني وبينها. وقبل أن يغلبني النعاس ارتطمت ساقي بساقها، ولا أدري إن كنت أنا سبب الارتطام أم هي السبب. أغلب الظنّ أنّها هي السبب. رأيتها تقبض على السيف وتقصيه من السرير. قالت: أنت حليلي وأنا حليلتك، وهي ليلة واحدة. قلت لها: هي ليلة واحدة بالفعل. التصقت بي وبقينا حتّى الفجر نرتشف من المتعة الحلال. وفي الصباح، خرجنا من مخدع العرس وكان زوجها في الانتظار، وكأنّه أمضى الليل كلّه على الباب يستعجل طلوع الشمس. تأمّلني وتأمّل المرأة التي سيعقد قرانه عليها هذا النهار، وكان في عينيه كلام، إذ يبدو أنّه قرأ في عيوننا ما حاولنا كتمانه في صدورنا، ثم بدا عليه الانزعاج. هاجمني وفي يده سيف. استبدّ بي الخوف، ونهضت من النوم مفزوعًا، ورحت أستعيد حلمي وأتذكّر تلك المرأة التي لا أدري ماذا كان مصيرها بعد مرور تلك الأعوام.

ولم تعد أمّي قادرة على تأجيل الكلام. تتساءل كلّ يوم تقريبًا كيف يمكنني احتمال ألا يكون لي ولد! كانت تبدأ كلامها عندما تطمئنّ إلى أنّ سناء ليست في الجوار، لأنّها لاحظت إلى أيّ حدّ يجرحها هذا الأمر. وهي لا تريد أن تنغّص على سناء، لأنّ ذلك سينتقل فورًا إليّ.

حين تنتهي من عزف موّالها المعتاد أطلب منها ألا تقنط من رحمة الله. ترفع يديها إلى السماء وتبدأ في تلاوة التعاويذ طالبة من ربّ العباد أن ينظر لي ولسناء بعين الرأفة، ثم تنحي باللائمة على سناء لأنّها رفضت وترفض أن تبخّرها من طرف ردنها لدرء الحسد، ورفضت أن تشرب الماء من طاسة الرجفة، لأنّها ربّما خافت ذات مرّة فانقطع رحمها عن الإنجاب، وربّما لمسها أحد الساكنين معنا في المكان، فجعلها غير قادرة على الإنجاب.

ولم يبق الحال على الوتيرة السابقة. صارت تأتيني في الصباح لتقول لي إنّها رأت فرس العائلة في المنام. قالت إنّها رأتها وهي تصهل وتحمحم وتبدي غضبًا غير معقول. لأنّ الاكتفاء بزوجة من دون أولاد يعني التمهيد لانقراض العائلة، أو تعريضها للمجهول.

تبدو شاحبة الوجه وهي تروي لي حلمها، ولا تفتأ تذكر اسم الله وتطلب منه العفو والمغفرة، وتستغيث به لحفظ العائلة ولتكثير نسلها.

* * *

قالت:

ويا حسرة راسي قدّيش تعذّبت من تحت راس ابني محمّد وزوجته سناء! قلت له شفنا لك أنا وأبوك بنت من أحسن البنات، وأبوها شيخ عشيرته، وأمّها كثيرة الأولاد.

محمّد قال إنّه غير راغب في الزواج بامرأة ثانية، حتى لو وافقت سناء على العيش مع ضرّة، فهو لن يوافق. ويمكنه أن يعيش حياته كلّها من دون أولاد.

فكّرت أن أذهب إلى الفتّاح اللي في الخليل. اللي كنت ذهبت إليه لَمّا كان محمّد ذاك الطفل الصغير. قلت: أذهب بحجّة الصلاة في الحرم الإبراهيمي، وأطلب من الفتّاح حجابين: الأوّل يجعل سناء راضية بوجود ضرّة لها (لي بخت أترجّاه، والله إنّي خايفة إنّها عاملة سحر لابني محمّد) والثاني يجعل ابني يحبّ البنت اللي حكينا له عنها.

فكّرت وتحيّرت وتبلبل ذهني، وقلت إنْ عرف محمّد ما أفكر فيه يزعل منّي. وبعدين، لا أدري إن كان ذاك الفتّاح ما زال حيًّا على وجه الدنيا. مرّت سنوات من يوم أن ذهبت إليه أنا ومهيرة.

وفي عصر أحد الأيّام، خرج محمّد من البيت وقال إنّه ذاهب إلى القدس. كان الطقس ميّالاً إلى البرودة، وفي السماء غيوم. قلت بصوت مسموع وأنا أرقبه وهو يبتعد: هذا يوم مشؤوم. وبالفعل، بعد ساعة اتّجهت إلى بيت سناء، المجاور لبيتي، وأنا ألطم على وجهي وأمعمط شعري وأصيح. سمعتني نساء العائلة وخرجن من بيوتهنّ ملهوفات، لحقني منّان وهو حائر في أمري وقال:

– مالك يا وضحا، شو صار؟

صحت بحرقة وألم:

– ابني محمّد مات يا منّان، ابني حبيبي مات.

خرجت سناء من بيتها بسحنة مقلوبة. وقفت بالقرب منّي وهي خائفة لا تدري ماذا تقول، ولم تستطع توجيه أيّ سؤال لي. استطاع منّان أن يتمالك أعصابه وسألني:

– محمّد الأصغر مات؟! من اللي أخبرك بموته؟

لم أردّ على سؤاله، بقيت أتفعفل وأصيح:

– ابني حبيبي مات يا ناس، مات!

كنت أراقب سناء وردود أفعالها، رأيت عينيها تغيمان من شدّة الانفعال. بعدين، سقطت على الأرض. ركضت نحوها وذكرت اسم الله سبع مرّات، وقلت لها بهدوء مفاجئ:

– محمّد بخير يا سناء، زوجك بخير يا حبيبتي، لا تقلقي.

بهتت نساء العائلة وهنّ يتابعن ملامح وجهي اللي تغيّرت من الحزن إلى الفرح، وكاد منّان يغضب منّي، لولا أنّ نساء العائلة هدّأن غضبه، وتذكّرن ما قلته لهنّ من قبل: بدّي أعرّض سناء لخوف شديد يطرد خوفها السابق، ويمكن أن تحبل بعد هذا الخوف بإذن الله.

عندما عرفت سناء ما قصدتُه كتمت غضبها. بعدين، انسلّت إلى بيتها بهدوء. وأنا لمت نفسي لأنّي محروقة عليها وعلى محمّد. ولَمّا عرف محمّد ما جرى ابتسم وطلب منّي ألا أكرّر ما فعلت. انتظرت ولم تحبل سناء.

في الآخر، قلت: خلص، أحسن لي إنّي أريح راسي من وجع هالراس.

7

بقيت طوال عام من دون عمل. أبي لم يرقه الحال. كان ينظر إلى وظيفتي في المحكمة الشرعيّة باعتبارها امتيازًا لا يظفر به أيّ إنسان. قلت له:

– يا أبي، أنا لم أجد نفسي في هذه الوظيفة.

لامتني أمّي لأنّني تلفّظت بهذا الكلام أمام أبي. سخر منّي وهو يقول مقلّدًا صوتي:

– لم أجد نفسي في هذه الوظيفة.

عيّرني بأنّ الجوع سيقتلني وأنا هائم على وجهي من دون عمل. لامني أخي فليحان، واتّهمني بقلّة التدبير لأنّني أفرّط في وظيفة محترمة.

أرسل أخي سلمان رسالة لوالدي يأسف فيها لأنّني تركت وظيفتي، واقترح عليّ أن أسافر إلى الكويت لعلّه يجد لي عملاً فيها. لم يعلّق أبي على الاقتراح، وأنا قلت:

– لن أخرج من هذا المكان. سأظلّ أعيش بين راس النبع والقدس حتّى أموت.

ذعرت أمّي من هذا الكلام وقالت:

– الشرّ بعيد.

هزّ أبي رأسه وظلّ صامتًا. أرسل أخي عطوان رسالة يبدي فيها أسفه لأنّني تركت الوظيفة. وحذّرني من القدوم إلى البرازيل لأنّ الحياة فيها ليست سهلة. طمأنت عطوان بأنّني لا أفكّر بالسفر إلى أيّ مكان. وقفت سناء معي بالباع والذراع. قالت:

– كلّ راتبي تحت تصرّفك.

شكرتها من قلبي، وتهامست نساء العائلة:

– محمّد الأصغر أكيد عقله صار غير شكل، أكيد كلّ هذا من تأثير سناء عليه.

ولم يكفهنّ ذلك. قلن إنّها سوّغت لي ترك الوظيفة لكي أظلّ تحت رحمتها فلا أطلّقها ولا أتزوّج بامرأة ثانية. صحت فيهنّ وأنا أراهـنّ متجمهرات في المساء أمـام أحد البيوت يعلكن الكلام ويستغبن الناس مثلما يحلو لهنّ:

– اخجلن قليلاً، سناء إنسانة طيّبة وهي لا تتآمر عليّ.

ذهلن، وخيّم عليهنّ الصمت، وبقين كذلك حتّى ابتعدت، ولا أنكر أنّني ندمت على موقفي منهنّ، فهنّ في نهاية المطاف نساء طيّبات جديرات بالمدح لا بالذم، وما اشتغالهنّ باستغابة الناس سوى تعبير عن فراغهنّ وبؤس أحوالهنّ.

عملت مع الفرقة المسرحيّة، أروّج لعروضها وأبيع التذاكر للناس، وأشرف على نقل الديكور من مدينة إلى أخرى، وأتقاضى مبالغ زهيدة. كنت أشعر بالرضى لأنّني قريب من المجال الذي أعشقه وأجد نفسي فيه. بقيت على هذا الحال سنتين.

وذات ليلة، كنت خارجًا من مقرّ الفرقة في حيّ الشيخ جرّاح، وكانت معي سناء، والسماء مجلّلة بالغيوم والطقس ينذر بالمطر. قالت إنّها راغبة في المشي إلى ساحة باب الساهرة، ومن هناك نركب سيّارة تأخذنا إلى راس النبع. استجبت لرغبتها وكنت راغبًا في

المشي. بعد ابتعادنا عن مقرّ الفرقة بعشرات الأمتار انهمر المطر. فرحتْ وقالت إنّها تحبّ أن تمشي تحت المطر. مشينا وتبلّلت ملابسنا، ومن حسن الحظّ أنّنا كنّا محتاطين لطقس الشتاء. تلفّعت سناء بمعطفها الخمريّ وتلفّعت أنا بمعطفي الأسود، ثمّ خطر ببالنا أن نركض تحت المطر. ركضنا وكأنّنا في سباق. سبقتها مرّة وسبقتني أخرى. ومررنا من أمام فندق الأميركان كولوني، وحين تعبنا توقّفنا عن الركض، ومشينا. كان المطر ما زال منهمرًا. تبلّل شعرها وتلوّى فوق خدّيها ورقبتها، ولم تكن منزعجة من ذلك. مررنا من أمام المحكمة التي يسيطر عليها المحتلّون. مررنا من أمام سينما الحمراء.

سمعنا صوت انفجار. مشينا مسرعيْن لعلّنا نصل إلى ساحة باب الساهرة قبل أن تقوم دوريّات الاحتلال بإغلاق الشوارع. مشينا وتوقّف المطر عن الهطول. مررنا من أمام المحكمة الشرعيّة التي عملت فيها سنوات. وصلنا قريبًا من مبنى البريد، اعترضتنا دوريّة مسلّحة. استوقفنا الجنود وراحوا يحدّقون في وجهينا. قال أحدهم:

– هويّات.

تصفّح الهويّتين وسألنا: لوين رايحين؟ قلت:

– إلى بيتنا.

– أين البيت؟

– في راس النبع.

– أين راس النبع؟

– ليست بعيدة من هنا، إنّها قرب القدس.

– أيش اسمك؟

– محمد منّان العبد اللات.

– مين هاي اللي معك؟

– زوجتي.

نظر نحوها وسألها: أيش اسمك؟

– سناء يوسف.

حدّق في وجهي وسأل: أين كنتما؟

– في مقرّ الفرقة المسرحيّة.

– أيش كنتما تعملان هناك؟

– أنا أشتغل هناك وزوجتي كانت معي.

– أنتما وضعتما قنبلة بالقرب من مركز الشرطة؟

– لا.

أمرنا بالوقوف على مسافة من السيّارة العسكريّة، وكان عددٌ آخر من المارّة تمّ احتجازهم. كانت سناء المرأة الوحيدة ضمن ذلك الحشد، وكنت أخشى عليها أن ترتعب، أقبض على يدها وأضعها في يدي وأنظر إليها بين الحين والآخر لأطمئنها، فأجد أنّها مرتبكة قليلاً، وهذا أمر متوقّع، لأنّني أنا الآخر كنت مرتبكًا إلى حدٍّ ما، لكنّنا كنّا، أنا وسناء، على استعداد لتحمّل أيّ إجراء يمكن أن يقوم به هؤلاء الجنود، فذلك أصبح مألوفًا لدينا ولدى الغالبيّة العظمى من الناس.

بعد ساعتين، استبقوا أربعة أو خمسة من الشباب، نقلوهم في سيّارة إلى السجن. وأمروا البقيّة منّا، بمن فيهم أنا وسناء، بالذهاب إلى بيوتنا. ركبنا سيّارة أجرة وعدنا إلى البيت.

بعد تجربة العمل مع الفرقة المسرحيّة، انتقلت للعمل مصحّحًا لغويًّا في صحيفة يوميّة اسمها الضياء. راقتني هذه الوظيفة التي اختبرت فيها متانة لغتي العربيّة، فأثنى عليّ رئيس التحرير، وكان في أحيان غير قليلة يستشيرني في بعض الإشكالات اللغويّة، فأقدّم له الآراء السديدة، حتّى أطلق عليّ الزملاء من باب المداعبة لقب: «سيبويه الجريدة».

وكنت شديد الاهتمام بصفحة الأدب في الصحيفة. أدقّقها وأقرأ ما فيها من مقالات وقصص وقصائد. وكنت أنتظر اللحظة التي أستطيع فيها كتابة نصّ أدبيّ أقدّمه إلى المشرف على الصفحة، لعلّه ينشره فأرى اسمي متألّقًا على رأس النص، فأسرع إلى البيت وفي يدي الصحيفة، تفرح سناء وأزداد فرحًا، وأقول: من هنا ستكون البداية. تأخذني أحلام اليقظة بعيدًا وأرى نفسي كاتبًا تهتزّ له أفئدة المعجبين والمعجبات.

سهرت حتّى منتصف الليل لكتابة نصّ أدبيّ عن الربيع في بلادنا، وعن تفتّح الأزهار، عن كرم الطبيعة التي تحتضن الزرع والشجر. قلت: أمزج في نصّي الأدبيّ بين ما ترمز إليه الطبيعة من نموّ وعطاء، وما يعنيه الاحتلال من قمع واغتيال لسنن الحياة.

بعد طول عناء، كتبت ألف كلمة حرصت على أن أجعلها رصينة لا يقدر على الإتيان بمثلها إلا متضلّع في اللغة العربيّة. كنت أقصد مفاجأة المحرّر الأدبيّ في الصحيفة بما وهبني الله من قدرات في اللغة.

فلمّا عرضت عليه النص، قرأه وأنا جالس في مكتبه. قال لي إنّ لديّ لغة متينة. شكرته على الإطراء، وبقيت أنتظر موافقته على نشره. قال:

– عصرنا لم يعد يستسيغ لغة القواميس، وعلى الكاتب أن يقترب في نصوصه من لغة الحياة والناس.

قلت:

– علينا أن نحافظ على جزالة لغتنا، وأن نبعدها عن لغة العوّام.

وعجبت من قول هذا الكلام وأنا نفسي كنت فكّرت بكتابة نصّ للسينما باللهجة العاميّة المصريّة، وبكتابة نصّ مسرحيّ باللهجة العاميّة الفلسطينيّة. ثمّ أقنعت نفسي في اللحظة التالية بأنّ كتابة مسرحيّة أو سيناريو فيلم تختلف عن كتابة نصّ أدبيّ.

قال لي:

– نخدم لغتنا إذا جعلناها قابلة لاستيعاب الحياة ومستجدّاتها.

– من فضلك أجبني، هل ستنشر هذا النص؟

– اتركه لي وسأقوم بقراءته مرّة ثانية، وقد أجري عليه، بعد إذنك، بعض التعديلات.

خضعت لشروطه ولم أناقشه. شكرته وخرجت.

ظلّ النصّ حبيسًا في درج مكتبه ثلاثة أسابيع، كنت أثناءها أتقلّب على جمر. أخيرًا ظهر النصّ منشورًا بعد حذف جمل عديدة منه. اعتبرت ما قام به المحرّر الأدبيّ تدخّلاً سافرًا في أفكاري وتعسّفًا في مسارها، فلم أتحمّس لتسليمه أيّ نصّ جديد، بل إنّ رغبتي في كتابة النصوص الأدبيّة تضاءلت إلى حدّ كبير.

وحين عدت إلى البيت أطلعت سناء على النصّ المنشور، قرأتْه وأبدت إعجابها برصانة لغتي وجودة أفكاري. خفّف ذلك من شعوري بالإحباط. ولَمّا عدت إلى قراءة النصّ ازداد نكدي، وأدركت أنّني أمام مولود مشوّه. بقيت متأرّقًا غير قادر على النوم، ورأيتني أدلي بشهادتي للتاريخ في جمع من الناس، وألقي المسؤوليّة عن قتل موهبتي الأدبيّة على المحرّر الأدبيّ الذي لم تأخذه بي رحمة أو شفقة. بقيت أدلي بالشهادة حتّى أدركني النعاس ونمت.

أثناء النوم جاءوا وأحاطوا بي من كلّ الجهات.

نظرت إليهم بانتباه وعرفتهم. إنّهم الرجال الذين دوّنت مآسيهم في دفتري، وكذلك النساء اللواتي دوّنت مآسيهن. وبدا من نظرات عيونهنّ وعيونهم أنّهم عاتبون عليّ لأنّني أشعلت النار في الدفتر. شعرت بندم حارق، ولم أدر كيف أعتذر لهنّ ولهم. هل أقول إنّني عجزت عن تحويل مآسيكنّ ومآسيكم إلى نصوص أدبيّة فيها شيء من الإنصاف؟ وقبل أن أسترسل في تهيئة نفسي للردّ، ظهرت

المرأة التي جاءتني في حلم سابق لكي أتزوّجها لليلة واحدة. قالت لي: أنت ظلمتني في حلمك. تعجّبت وسألتها: كيف عرفت أنّني حلمت بك؟ قالت: كنت معك داخل حلمك. قلت: كيف ظلمتك؟ وأضفت: تزوّجتك لكي أسهّل لك العودة إلى زوجك. قالت: أنت بحت في حلمك بما يخالف الحقيقة. قلت: كيف؟ قالت: ساقك هي التي ارتطمت بساقي. قلت: وماذا أيضًا؟ قالت: أنت أقصيت السيف من السرير ولم أقصه أنا. خجلت من حلمي في حلمي، وقلت: حقك عليّ، وأنا أثق بكلامك. وسألتها: هل يرضيك ذلك؟ قالت: يرضيني، ولكن ما الفائدة؟ سكتت ثم أضافت: عدت إلى زوجي بعد ليلتنا تلك، ولم أمكث معه إلا ثلاث ليالٍ. قالت: طلّقني بسبب ما جرى بيني وبينك في تلك الليلة. سألتها: كيف عرف بما جرى بيننا؟ قالت: من نظرات عيوننا، ثُمّ إنّه كان يحلم حلمًا مطلاً على حلمنا. ضربت كفًّا بكفّ وقلت: لم يعد في هذه الدنيا أمان. ثم تلفتّ حولي وخفت أن تكون سناء تحلم إلى جواري حلمًا مطلاً على حلمي. لكنّ طمأنينة مباغتة خيّمت عليّ وأنا أحلم أنّ سناء ليست معي في السرير. كنت نائمًا في رحاب حديقة غنّاء في مكان بعيد. نظرت إلى المرأة وسألتها: ماذا تريدين منّي بعد أن طلّقك زوجك من جديد؟ قالت: أريدك أن تتزوّجني الآن. ارتجف بدني وأنا أرى العيون التي تحدّق بي من كلّ الجهات، وقلت لها: هذا مستحيل.

كبّلني الإحباط عن الكتابة أشهرًا عديدة، ثم فجأة استيقظت رغبتي في التعبير عن مكنونات نفسي. دبّجت صفحات كثيرة، أرسلتها إلى صحف ومجلات، واستثنيت من ذلك الصحيفة التي أعمل فيها، نكاية بالمحرّر الأدبي. ولسوء حظّي لم يظهر أيّ من نصوصي في أيّة صحيفة أو مجلّة، فأيقنت أنّ هذا الميدان ليس ميداني. فكّرت بالتحوّل إلى كتابة التقارير الصحافيّة، وبالتطرّق إلى الانتخابات

البلدية للعام 1976 التي فازت فيها القوى الوطنيّة في نابلس ورام الله والخليل، وفي مدن فلسطينيّة أخرى. كتبت صفحتين أو ثلاث صفحات، ثم سيطر عليّ الإحباط، ولم أواصل الكتابة.

وكنت في أعماقي أرثي لأبي الذي حَمّلني عبء العائلة لكي أجمع شتاتها، وأتابع مسارات أبنائها وبناتها. فما دمت غير قادر على ذلك بالكلمات، فلن أقدر عليه بالأفعال. اعتذرتُ لي عن عدم مواصلة المهمّة، وبعد أيّام أطلعت سناء على قراري. تعاطفت معي كشأنها دائمًا، وبدا عليها القلق جرّاء ما لاحظته من خيبة أملي بي، ومن حالة العجز التي استبدّت بي.

بعد يومين، اقترحت سناء عليّ أن أعيد النظر في فكرة سابقة كنت فكّرت فيها، وهي تدوين وقائع حياة عائلة العبد اللات، وإن شئت التوسّع في الموضوع فإنّ بإمكاني تدوين وقائع حياة العشيرة، رغم تفرّعها إلى عائلات كثيرة. واقترحت عليّ ألا أضع نشر هذه المدوّنات نصب عينيّ، لأنّ هاجس النشر قد يحبط مسعاي، ولأنّ شروط النشر المجحفة في بعض الأحيان قد تشلّ قدراتي فلا أواصل الكتابة، وقد تدخلني في إخفاق جديد.

تذكّرت فكرتي السابقة وتحمّست لها، ربّما لأنّني وجدت نفسي في ظرف أفضل من ظرفي السابق للشروع فيها ووضعها موضع التنفيذ. واعتقدت أنّ رغبتي في تدوين وقائع حياة العائلة التي انتقلت من البرّيّة إلى مشارف القدس، وعايشت أزمنة شتّى وحكّامًا متعدّدين، ظلّت كامنة في أعماقي رغم إقلاعي عنها من قبل.

قلت: سأدوّن كلّ شيء تقع عليه عيناي، سأحتفظ في دفاتري بكلّ كلمة تنطقها أمّي وضحا، أو أبي منّان أو أيّ شخص آخر في العائلة. سأجعل لأبناء العائلة وبناتها ولأبناء العشيرة وبناتها أدوارًا في مدوّنتي. سأبدأ من لحظة بعيدة. من مقتل الجدّ عبد الله.

من حزن فرسه عليه ومغادرتها مضارب العشيرة. سأكتب عن ظلم الأتراك، وإرسالهم الشباب إلى ساحات القتال النائية. سأكتب عن الانتداب البريطاني وعن تعسّفه بحق البلاد والعباد، عن حماية جنود الانتداب لأنفسهم من غارات الثوّار بوضع السجناء الفلسطينيّين في سيّارة تسير أمام سيّارات الجنود خوفًا من الكمائن والألغام. سأكتب عن المذابح التي نظّمتها العصابات الصهيونية ضدّ الفلسطينيّين لتهجيرهم من البلاد. سأكتب عن ضياع البلاد، عن وحدة الضفّتين، وعن القمع السياسيّ الذي كان سائدًا قبل هزيمة سبعة وستّين، سأكتب عن الهزيمة، عن عسف المحتلّين، عمّن استشهد من أبناء عائلتي ومن أبناء راس النبع ومن أبناء فلسطين، وسوف أستمرّ في التدوين إلى ما شاء الله، أو قد أتوقّف عند لحظة زمنيّة فارقة.

أطلعت سناء على خطّتي. باركتْها من دون تحفّظات، وقلت: سأُطمئن أبي في الوقت المناسب، وسأخبره بأنّني سأبقى محافظًا على وصيّته مهما تكبّدت من صعاب، وسأنفّذها بطريقة ما. سأخبر أخي فليحان بأنّني سأكتب تغريبة للعائلة شبيهة بتغريبة بني هلال التي يكثر من ذكرها وترديد أشعارها. ولَمّا توقّعت أنّه قد يعترض على مسعاي، فأسقط فريسة للإحباط مرّة أخرى، قرّرت ألا أخبره بالأمر لأنّني سأتعرّض لخطاياه من دون مواربة أو حياء، وقلت لسناء: الكتمان هو أفضل وسيلة لإنجاز أيّ أمر من الأمور، وبخاصّة حين يكون في هذا الأمر كشف للحقيقة وتعرية للنفوس وفضح لسياسات الحكّام، سواء أكانوا منّا وفينا أم كانوا من الغرباء الدخلاء.

وافقت سناء على كلّ كلمة تلفّظتُ بها، وقالت إنّ الكتّاب الحقيقيّين لا يفصحون عن مشاريعهم الأدبيّة إلا بعد إنجازها، لأنّ كثرة الكلام، بمناسبة وبغير مناسبة، تورث قلّة الحظّ وتؤدّي إلى تعثّر الإنجاز.

بعد لحظة صمت قلت لسناء:

– وجدتها.

ابتسمَت ولم تقل شيئًا. قلت:

– أخي فليحان يحبّ البوح. سأطلب منه أن يفضفض، وأن يحكي لي عن كلّ شيء يخصّه، من دون أن أخبره بحقيقة مسعاي. وسأصغي لبوح أمّي التي لا تحتاج إلى تحفيز على الكلام.

* * *

قالت أمّي:

يا حسرة راسي قدّيش وقفت على أبواب سجون ومعتقلات! لَمّا كان محمّد الكبير في سجن الجفر كان منّان يزوره مع مريم، وفي بعض المرّات كنّا نزوره أنا ومنّان مع مريم. ولما سجنته اسرائيل كان منّان ومريم يذهبان لزيارته. الله يسهّل أمره محمّد الكبير، يعيش هالحين في عمّان، وزوجته مريم تعيش هناك معه، ومعها تصريح من حكّام إسرائيل. لَمّا يخلص وقت التصريح، تجيء إلى البلاد، نراها ساعة أو ساعتين، بعدين تعود إلى بيتها في القدس، تسكن فيه مدّة شهر أو شهرين، تزور كنيسة القيامة والمسجد الأقصى، وتحمل معها صرّة فيها تراب من القدس، تسافر من أوّل وجديد إلى زوجها. تسلّمه صرّة التراب، يشمّها ويقبّلها ويضعها بالقرب من قلبه يا ويلي عليه.

ويا حسرة راسي، أنا تكفّلت بزيارة أدهم مع منّان. أدهم ماتت أمّه وطفا وهي تلد أخاه وطّاف. وأدهم ما عنده لا زوجة ولا ولد. وأنا ومنّان كنّا نتنقّل من سجن لسجن. نركب باص الصليب الأحمر، ويكون الباص معبّأ من أوّله إلى آخره بأهالي الأسرى. يقطع الباص المسافة إلى سجن عسقلان. يا حسرتي قدّيش كنت أتعب وأعرق!

ولَمّا أشوف الأسلاك الشائكة على حيطان السجن، يقشعرّ بدني. ورجال الشرطة هناك وجوههم لا تضحك للرغيف السخن.

ننزل من الباص وننتظر على الباب ساعة أو ساعتين إلى أن يسمحوا لنا بالزيارة. يُدخلوننا، وهم يصيحون بنا، إلى قاعة صغيرة، ومن خلف شبك من الأسلاك يقف الأسرى. أنا أنظر في كلّ اتّجاه ومنّان ينظر في كلّ اتجاه إلى أن نرى أدهم. منّان يمدّ أصبعه من خلال فتحة في الشبك، وأدهم يمدّ أصبعه، ويتمّ السلام. وأنا أفعل مثلما يفعل منّان. وأقول له:

– كيف حالك يا أدهم؟

يقول لي:

– أنا بخير.

وتسيل دموع منّان على خدّيه. وأنا أتأمّل وجه أدهم وألاحظ أنّه مملوء بالتجاعيد، وراسه كلّه شيب.

وبعد نصف ساعة يصيح فينا الشرطي:

– انتهت الزيارة، كلّ واحد منكم يمشي إلى الخارج، بسرعة، بسرعة.

نـودّع أدهـم ونخـرج. ومثل هـذي الزيارة سبق لي أن قمت بزيارات، وياما شفت وياما بدّي أشوف!

* * *

وكان أبي هو الشغل الشاغل لأمّي التي لم تحجب عنّي أدقّ التفاصيل في العلاقة بينهما.

في ذلك الصباح، كما هي العادة، أعدّت له ولها طعام الفطور، وكان حصار بيروت ما زال مستمرًا منذ شهرين. الحصار الذي جعلنا، أنا وسناء نلغي زيارتنا إلى هناك. ازداد صمت أبي أثناء الحصار. وفي

هذا الصباح لم يتبادل هو وأمّي أيّ كلام. أمّي تعرف جيّدًا طباعه. هو لا يحبّ كثرة الكلام في الصباح. وهي تعرف أنواع الأطعمة التي يرغب فيها: اللبن الرائب مع خبز القمح، البيض المقليّ بالسمن. وبعد ذلك القهوة التي يتلذّذ بشربها.

جلسا إلى المائدة، وراحا يتناولان طعامهما على مهل. ولم يكن ثمّة كلام. قالت: صحيح، لكن كان عندي كلام، وأكيد كان عند منّان كلام.

شعرت أمّي بالقلق لاعتقادها بأنّه لا وجود لطمأنينة مع الرجال. خصوصًا حين تكون الضرائر قابعات على مسافة عشرة أمتار من باب الدار، حتّى لو كانت هي الأصغر بينهن، وحتّى لو أنّ الضرائر صرن طاعنات في السن، وأبي منّان صار طاعنًا في السن.

تسترق النظر إلى وجهه بين الحين والآخر، فترى أنّ ثَمّة كلاماً في داخله يتهيّأ للخروج. كانت تأكل طعامها ببطء، وتبدو مهمومة متوقّعة أمراً ما.

وهو يشرب القهوة قال في هدوء مشوب بشيء من التوتّر المكتوم:

– أرغب في النوم عند باقي النسوان، لأنّي، إذا الله سبحانه وتعالى أخذني عنده، أريد أن أواجهه وضميري مرتاح. سمعت ما قلت يا وضحا؟

– سمعت.

لاحظ أنّ أمّي لم تشعر بارتياح لكلامه هذا رغم موافقتها الشكليّة عليه. لكنّه لم يكترث لعدم ارتياحها. شرع في تنفيذ ما يرغب فيه. قبلته مثيلة لأنّ أمورها معه تعدّلت من ليلة أن ماتت أمّه صبحا. ولم تقبله سميحة. قالت لنساء العائلة إنّها استغربت عودته إليها بعد سنين من الهجر. وهي ما زالت تذكر كيف عاد إليها بعد

استشهاد ابنها يوسف، وبقي يتردّد على فراشها مدّة سنتين أو ثلاث، ثم هجرها. قالت إنّها ليست راغبة في أن تصبح خادمة له من جديد. اقترحت عليه أن يظلّ ملازماً لوضحا التي عصرته، وتريد الآن أن ترميه مثل قشرة ذابلة. قالت أمّي مستنكرة عندما وصلها الكلام:

– أنا عصرته؟ أنا أريد أن أرميه؟ فشرت عينها!

ولم يتوقّع أبي مثل هذا الموقف من سميحة. اعتقد أنّها سترحّب به. غضب وأرغى وأزبد. شتم وهدّد. وقال لها معاتباً:

– أجيئك وترفضينني يا سميحة!

ثم هدّدها بأن يشكوها إلى ابنها سلمان الذي يعمل في الكويت. ظلّت سميحة ساكتة كأنّها تتلذّذ بالموقف الذي اتّخذته. قال لها محاولاً التصرّف بحكمة واعتدال:

– فكّري يا بنت الحلال، أنا زوجك.

روَت سميحة كلامًا كثيرًا لنساء العائلة، وقالت إنّه ابتعد، ولم يسمع منها أيّ تعليق على كلامه الأخير. وقالت أمّي إنّ سميحة حاولت بموقفها هذا الانتقام من أبي. قالت إنّ أبي بدأ يحسّ بالنهاية، فآثر أن يسترضي سميحة مثلما استرضى مثيلة من قبل.

ظلّت أمّي تحتمل على مضض ذهابه إلى زوجاته الأخريات، وفي الوقت نفسه، كانت تبدي بعض الحرد لعلّه يتراجع عن مسعاه. في الليلة التالية، قالت إنّها رأته ينسلّ من عندها ويذهب إلى صفيّة، زوجته الرابعة في ترتيب الزوجات.

قالت:

– لم يكن قد نام لَمّا نهضتُ لأتأكّد من إغلاق الباب. نهضتُ لأنّي أظلّ قلقة ولا أطمئنّ إلى أنّه أغلق الباب بالمفتاح قبل أن ينام.

وليست هذه هي المرّة الوحيدة التي تنهض فيها أمّي وتتّجه نحو الباب. هي متأكّدة من أنّه لم ينم. هو لا ينام أكثر من ثلاث ساعات.

قالت:

ـ أنا أعرف طباعه. يتقلّب في فراشه ويفكّر في كلّ شيء حوله، في حصار بيروت اللي شاغل باله، في حفيده عمر اللي هناك.

وقالت:

ـ في بعض الأحيان أقترب منه، ألمس جبينه المتعب. أتحسّس فروة رأسه اللي كاد الشعر يغيب منها. لا يبدي حماسة لهذه المداعبة، ولا يبدي تذمّرًا، وأنا لا أتمادى في الفعل. أكون راغبة في إشعاره بأنّي قريبة منه، ولا يمكن أن أتركه لكي يقضي ما تبقّى له من العمر وهو وحيد. ألاحظ أنّه لا ينام الليل. أسأله إن كان شيء يؤرقه. يفرك فروة رأسه كالمعتاد، ولا يفصح عن شيء. هذي الليلة نهض من فراشه. ارتدى عباءته وهو يعتقد أنّي مستغرقة في النوم. وأنا ما كنت نايمة. اقترب من غرفة سميحة، كأنّه لم يتّعظ من صدّها إياه من قبل. وقف قريبًا من الباب. مدّ يده ثم تردّد، ولم يدقّ على الباب. اتّجه إلى غرفة صفيّة. أنا أعرفها، نومها ثقيل، ولا تستيقظ إلا بعد أن تطلع الشمس. اقترب، دقّ على الباب، تنحنح وانتظر، وما فتحت له صفيّة الباب. خرج إلى الساحة. وقف بالقرب من شجرة التوت. نظر نحو البيوت السابحة في العتمة. نظر نحو الشرق. نحو البرّيّة اللي جاء منها قبل سنوات. وبدا كأنّه يتأمّل رحلته الطويلة في الحياة.

لمته لأنّه خرج من البيت تاركاً بابه مفتوحًا. قلت: بعملتك هذي يا منّان ممكن الحراميّة يدخلون البيت. ممكن الجيش يمرّ من أمام الدار ويصير يسألنا لماذا تفتحون باب بيتكم في هذا الوقت؟

ـ لا تخافي يا وضحا، توكّلي على الله، وخلّينا ندخل وننام.

في الصباح التالي، في مجلس نساء العائلة المعتاد، كشفت صفيّة السرّ من دون تحفّظ أو مـداراة. قالت إنّها سمعت دقّاته على الباب، وقرّرت ألا تـردّ عليه. قالت إنّها استقبلته قبل أسابيع

في فراشها وأصابها ندم. قالت إنّه كان يلهث وهي في حضنه حتّى اعتقدت أنّه سيلفظ أنفاسه الأخيرة ويموت.

* * *

وجدتني أنحشر في تفاصيل حياته وحياتها. ومع ذلك، كنت راغبًا في هذا الأمر، مدفوعًا بالفضول حينًا، غير راغب فيه بسبب ما يواكبه من حرج حينًا آخر.

أخبرتني أنّ خروجه من فراشه إلى ساحة الدار لم يرقها. صار يخرج وهو يعتقد أنّها نائمة. معنى هذا أنّه لا يريدها أن تعرف لماذا يخرج في الليل. لو كان يريدها أن تعرف لأخبرها بذلك قبل أن تنام. وهي لا تعتقد أنه يخرج لاستنشاق الهواء النقي وللترويح عن نفسه قليلاً ومن ثم العودة إلى فراشه لينام. استبعدت ذلك لأنّه لم يسبق له أن خرج من الدار في مثل هذه الساعة. ولكن ما يدريها؟ لعلّه اعتاد الخروج وهي لا تصحو عليه. يمضي وقتاً خارج الدار ثم يعود إلى فراشه وهي مستغرقة في النوم. تزايدت وساوسها وازداد اضطراب نفسها. كم مرّة خرج من الدار وهي نائمة؟

تذكّرت تصريحه لها حول زوجاته الأخريات، وتذكّرت أنّها وافقت على ما يفكّر فيه، إلا أنّها لم تستطع التسليم بذلك، وهو لاحظ كم تنغّصت عندما صار ينفّذ ما فكّر فيه! ويبدو أنّه لهذا السبب صار ينسلّ من فراشه بالقرب منها لينفّذ مآربه بالكتمان، بحيث لا تستفزّه ولا يستفزّها، فهي في نهاية المطاف زوجته الصغرى، وهو لا يستطيع التخلّي عنها، ولا يحتمل غضبها بأيّ شكل من الأشكال. والعائلة كلّها تعرف مدى تأثيرها عليه، بحيث أنّ كلمة واحدة منها ضدّ أيٍّ من نساء العائلة أو من رجالها، تجعله ينتفض غضبًا، فيسارع إلى التنطّح لتلك المرأة أو لذلك الرجل إرضاء لها.

أدركـتْ أنّـه ينشط في الليل من وراء ظهرها. وتـذكّرت تلك الإقامة المؤقّتة في أريحا قبل سنوات، تذكّرت الأرملة الشابة التي كاد يتورّط معها في علاقة حميمة لولا أنّها انتبهت للأمر منذ اللحظة الأولى. كشفت سرّها لي في لحظة انفعال، وقالت إنّه بعد مغادرة أريحا والعودة إلى راس النبع حاول غير مرّة الذهاب إلى هناك. قالت إنّها كانت تمنعه من الذهاب. وهي تتساءل: ما يدريني إن كان يذهب إلى أريحا من دون علمي ومن وراء ظهري مثلما يفعل الآن؟

أصبحت أمّي نهبًا للوساوس التي ابتليتْ بها منذ عاد أبي إلى سميحة، أمّ يوسف. ضرّتها التي رأت منها المرّ بعد استشهاد ابنها. صارت زوجته الأقرب إلى نفسه من كلّ زوجاته الأخريات. قالت:

– في أوّل الأمر تركته يجبر خاطرها. ابنها شهيد وكان الله في عونها. صار يرابط كلّ ليلة عندها، وهي رجعت تشبّبت وما واحدة من النسوان مثلها. قلت: بعد كم من ليلة يغادر فراشها، لكنّه أطال المرابطة عندها. الله وكيل، كأنّه تزوّجها من أوّل وجديد، كأنّها عروس.

شعرت أمّي بالضرر أكثر من بقيّة الزوجات. لأنّها الزوجة الأكثر نضارة. أصبحت أمّ يوسف، سميحة بنت حسين الشويفات ضرّتها الأكثر خطورة، وعليها تحمّل المرارات. ولم يستمرّ هذا الشغف بسميحة إلا سبعة أشهر بالتمام والكمال. ثم تناقص اهتمام أبي بها، وصار يتردّد عليها مرّة كلّ أسبوع، ثم مرّة كلّ أسبوعين، ثم مرّة كلّ شهر. وعند السنة الثالثةانقطع تمامًا عن زيارتها.

قالت:

– أنا أصلّي في غرفة ومنّان يصلّي في غرفة. أصلّي وأظلّ خايفة كلّما أمست الدنيا. العتمة ما زالت تخيفني وتدخل رجفة إلى جسدي. منذ تلك الأيّام البعيدة في البرّيّة وأنا أخاف العتمة. ومن

يوم أن رحلنا إلى راس النبع وأنا أخافها. صحيح، عندنا كهرباء داخل الدار، لكنّ العتمة تنتشر خارج الدار. ولَمّا أسمع أخبار الحصار أخاف أكثر، وأتذكّر أنّنا نعيش تحت الاحتلال، يعني محاصرين. أقول يمكن دوريّة الجيش تمرّ من جنب الدار ويقع لنا شيء مش مليح. قلت له: نغلق الباب في وقت الصلاة يا منّان، لكنّه رفض. قال لي: الليل ما حلّ بعد يا وضحا، ويمكن أن يأتينا ضيف.

قالت:

– أعرف أنّه محبّ لقدوم الضيوف. تلك شيمة ورثها من البرّيّة وانتقلت معه إلى راس النبع، وأنا تحمّلت التعب كلّه. كنت أسهر الليالي الطوال لخدمة الضيوف إلى أن ينعسواويناموا.

* * *

ويا والدي، كم فرحت لأنّ ابني منّان أنهى المدرسة واشتغل سائق سيّارة أجرة براتب شهري، وأصبح بإمكانه أن يصرف على نفسه وعلى أمّه. وأنا من جهتي سأواصل إرسال النقود قدر المستطاع له ولفهيمة، لعلّه يوفّر مبلغًا من المال يعينه على الاقتران بابنة حلال تساعده على نكد الحياة، وتتحمّل معه الحلوة والمرّة.

وإن سألتم عنّا يا والدي فإنّنا بخير من الله. ابننا سيمون بوليفار يهديكم ألف حمل سلام، وقد أنهى المدرسة هذا الصيف،

وسوف نسجّله في الجامعة لكي يدرس الهندسة في جامعة ريو دي جانيرو، ولأنّه متفوّق في دراسته فإنّنا نتوقّع أن يظفر بمنحة دراسيّة، فيوفّر علينا نفقات الدراسة.

عرفت من أخي سلمان أنّه كان عندكم هو وزوجته وأولاده الثلاثة، وأنّهم جاءوا عبر الجسر بتصريح من سلطات الاحتلال في الصيف

الماضي، وذكر لي أنّه انبسط كثيرًا لمشاهدتكم، لكنّه قال إنّ الحالة العامّة في البلاد في غاية السوء.

من هنا أرسل ألف حمل سلام لكلّ من يسأل عنّا، والسلام ختام.

ولدكم المشتاق: عطوان منّان
ريو دي جانيرو 1982/8/15

8

حين طال حصار بيروت، ساءت حالة سناء، وانتابها شعور بأنّها محاصرة. أصبحت كلّما رأت أمّي تنزعج ولا تطيق البقاء في حضورها، بل تختفي في غرفة نومنا. ولم تكن أمّي تقصد الإساءة إليها. فقد احتملت الوضع الذي انتهينا إليه وسلّمت أمرها لله. إلا أنّ نظرة عابرة إلى بطن سناء، كانت تستثير تداعيات ثاوية في النفس وفي الذاكرة. يخيّم الصمت لحظات، ونقوم بتلطيف الجو بكلمات وبابتسامات.

اقترحتُ عليها أن نذهب إلى حيفا. ننام في أحد فنادقها، ونسبح في بحرها. لم تتحمّس لذلك. قالت إنّ ذهابها إلى حيفا سيضاعف من آلامها. سيذكّرها بماض مملوء بالعسف والقتل والدماء، وبحاضر أكثر بؤسًا. وهي راغبة في رحلة لا تثار فيها ذكريات مؤلمة. كنّا قمنا برحلة بعد هزيمة سبعة وستّين إلى الساحل لكي نتعرّف إلى مدن فلسطين التي لم نرها من قبل، وكنّا أربعة: أخي محمّد الكبير وزوجته مريم، وأنا وسناء.

وكنّا لاحظنا أنّ فلسطين كلّها أصبحت بعد هذه الهزيمة تحت الاحتلال، فانفتح الفلسطينيّون على بعضهم بعضًا. تعرّفنا إلى عدد

من شعراء المقاومة وأدبائها في المناطق التي احتلّت عام ثمانية وأربعين. وزرنا قطاع غزّة وعرفنا بعض رموزه الأدبيّة والسياسيّة.

زرنا يافا، وحيفا وعكّا والناصرة. وكنّا نصاب بالذهول لأنّ مدننا لم تعد لنا. أخذنا أخي محمّد الكبير إلى حيّ العجمي، وراح يتذكّر أيّامه في يافا قبل ما يزيد عن ثلاثين سنة. كان يومها فتى لم يطق البقاء في كنف العشيرة التي تحيا في البرّيّة. اتّجه غربًا واستقرّ في يافا، ليعمل أجيرًا في أحد مطاعمها. ذهبنا إلى المطعم الذي كان يشتغل فيه. وجدنا المكان وفيه رجل يهودي، قال لنا إنّ المحرقة التي أشعلها هتلر ضدّ اليهود أودت بأمّه وأبيه. هاجر إلى فلسطين واستقرّ فيها وأصبح من حقّه التصرّف في هذا المطعم الذي كان لفلسطيني من يافا. عرفنا من أحد الباقين في المدينة من أهلها أنّ الفلسطيني ترك المطعم أثناء سقوط المدينة، وفرّ مع أسرته إلى الخارج.

تذكّرت رحلتي إلى يافا مع أبي و أمّي وأنا طفل صغير. قلت لأخي محمّد الكبير وأنا أرى البيوت القديمة الهرمة: يبدو لي أنّ يافا تخجل ممّا حلّ بها. هل تلاحظ ذلك يا أخي؟ تأمّل أخي البيوت وأرسل نظرة فاحصة نحو المدينة، هزّ رأسه وقال: ربّما، وربّما الخجل نابع من داخل نفوسنا. قالت مريم: البيوت تخجل عندما ترى أهلها قادمين وهي غير قادرة على استقبالهم. قالت سناء: أنا أرى الخجل واضحًا في القدس، وأنا أخجل حين أرى ذلك. ثم ابتعدنا.

تلبّستني الحالة نفسها حين ذهبنا أنا وسناء لزيارة أختي فلحة في العيد. كان ذلك قبل هزيمة حزيران بعام، وكنت قبل ذلك زرتها مرّات عديدة. كان المخيم يغرق في الوحل بعد مطر شديد. وكنت أتلفّت في كلّ اتّجاه، فأرى بيوتًا متطامنة كما لو أنّها تشعر بالخجل. وصرت كلّما زرت قرية فلسطينيّة أو مدينة تلبّسني هذا الإحساس.

أرى الخجل مهيمنًا على الأمكنة وعلى البيوت، على القرى والمدن، فيتضاعف شعوري بالصغار.

وكنّا ذهبنا بعد الهزيمة بأسابيع لزيارة قرية الوسميّة. ذهبت معنا أختنا فلحة وزوجها نعمان، وذهبت معنا رسميّة ووالدها عبد الفتّاح (فليحان لم يذهب معنا)، ولم نجد القرية. عثرنا على أشجار صبر باقية هناك. أمّا بيوت القرية فقد محيت من الوجود، وتحوّل المكان إلى مزرعة مترامية الأطراف. كم شعرنا بالخزي وبالخجل آنذاك!

تعزّينا قليلاً حين وجدنا الباقين من شعبنا هناك يعمرون الناصرة وبعض أحياء عكا وحيفا ويافا. وكنّا مررنا بقرى فلسطينية ما زال أهلها فيها، وإن كان الغزاة قد صادروا معظم أراضيهم الزراعيّة. وكنّا زرنا الجزء الغربي من القدس بضع مرّات. ثم شعرنا بالأسى يقتل أرواحنا، فلم نعد نذهب إلى هناك إلا على فترات متباعدة.

اقترحت عليها أن نسافر إلى العقبة. نزور في طريقنا إليها البتراء ونتقرّى آثار الأنباط فيها، ثم نقضي بضعة أيّام على خليج العقبة، نرقب مياهه ونتأمّل رحلة حياتنا، ونتذكّر أيّامنا الدافئة وإصرارنا على البقاء معًا، رغم التحدّيات التي اعترضت طريقنا طوال سنوات. وحين نعود من العقبة إلى عمّان، نزور أخي محمّد الكبير، المنفيّ منذ ثماني سنوات، وزوجته مريم المقيمة معه الآن. ونعرّج على مأدبا لزيارة صايل زوج المرحومة عمّتي معزوزة، ونطمئنّ على ابن عمّتي فزّاع، ونقيم يومين أو ثلاثة أيّام هناك، ثم نعود إلى القدس. لم تتحمّس سناء لهذه الرحلة. قالت إنّها تفضّل أن تنسى الأقارب والأصهار، وكلّ من يمتّ بصلة لعائلة العبد اللات ولو لمدّة أسبوع.

قدّرتُ موقفها وأدركت منابع ألمها، قلت لها:

– نسافر إلى الأندلس، ولا تقولي لي إنّك لا تريدين أن تتذكّري هزيمتنا فيها. مرّت قرون كثيرة، والنسيان لم يُبق من آثار تلك الهزيمة إلا بعض أشياء.

ضحكت، ربّما كي لا أتّهمها بتعقيد الأمـور، ووافقت على الذهاب إلى الأندلس.

نزلنا في مطار ملقا، وانتقلنا في سيّارة أجرة إلى فندق في قلب المدينة. استحممنا، ثمّ خرجنا إلى المدينة. تجوّلنا في شوارعها، وكان التجوال ممتعًا. رأينا أناسًا تطفو الراحة على وجوههم، وتذكّرنا معاناتنا في بلادنا جرّاء عسف الاحتلال. ولم نشاهد أثناء تجوالنا سوى امرأة واحدة تحمل في بطنها طفلاً، وهي تمشي بخيلاء.

نظرت إليها سناء، ثم صرفت نظرها عنها وراحت تتسلّى بتأمّل الأشجار المصفوفة بانتظام على طول الرصيف. تناولنا العشاء في مطعم يقدّم أسماكًا مشويّة. ثرثرنا في أمور شتّى، والتقطتُ صورًا لسناء وهي جالسة إلى مائدة الطعام. التقطت لها صورًا وهي واقفة على الرصيف. طلبنا من عابر سبيل أن يلتقط لنا صورة ونحن واقفان قرب إحدى الأشجار. احتضنتها وابتسمنا للكاميرا، و التقط عابر السبيل لنا صورتين لا صورة واحدة، وشكرناه.

في الصباح، تناولنا طعام الفطور في مطعم الفندق ثم صعدنا إلى غرفتنا ورحنا نستعدّ للذهاب إلى البحر. خلعت سناء فستانها وملابسها الداخلية، وبـدا جسدها فتيًّا لا يشكو من ترهّل أو من انثناءات زائـدة أو تكرّش مـذموم. ارتـدت ملابس السباحة التي اشتريتها لها من متجر في شارع صلاح الدين في القدس. اشتريت تلبية لطلبها سروالاً محتشمًا متّصلاً بالصدريّة، يغطّي مساحة واسعة

من جسدها. وكنت بيني وبين نفسي أعجب كيف فكّرت بارتداء المايوه الذي لم تفكّر فيه وهي في الخامسة والعشرين من عمرها!

هي الآن في الخامسة والأربعين. هل للتقدّم في العمر علاقة بقرارها؟ هل الرغبة في التأكيد على أنّها ما زالت نضرة الجسد هي التي دفعتها إلى ارتداء المايوه؟ هل هي رغبة مضمرة من سنوات سابقة، ظلّت تعتمل في نفسها ثم دفعتها إلى ارتدائه الآن؟ هل وجودنا في بلد أجنبي هو الذي أغراها بارتدائه؟ لكنّنا كنّا من قبل في تركيّا. وكنّا نزلنا في الماء، ولم تفعل سوى ما كانت تفعله من قبل، ترفع فستانها إلى ما فوق ركبتيها وتخوض في الماء.

هل هو ردّ غير مباشر على الصراع الصامت وغير الصامت بينها وبين أمّي؟ تريد أن تعيش حياتها ولا تقيم وزنًا للغمز واللمز والتجريح المبطّن، وكلام نساء العائلة الذي يطالها بين الحين والآخر، فكأنّهنّ قوّات احتياط لصراع أمّي معها؟! تنزعج وتنجرح مشاعرها ثمّ تتعالى على جراحها وتواصل حياتها، إلا أنّها حين يستبدّ بها الإنزعاج تهمس في أذني ونحن في الفراش:

— تعال ننفصل، أنت تتزوّج من امرأة تنجب لك عشرة أولاد مثلما تريد أمّك، وأنا أعيش بقيّة عمري وحيدة بعد أن جرّبت اثنين من الأزواج.

فأقول لها:

— أرجوك توقّفي عن هذا الكلام.

ثمّ أقبّلها على خدّها فتهدأ نفسها وننام.

وعلى أيّة حال، لم أسألها عن هذا الأمر كي لا أحرجها.

نظرت إلى نفسها في المرآة وبدت مسرورة وأنا أرقبها وأبدي إعجابي بها. ارتدت الفستان فوق المايوه، وخرجنا.

نزلنا في الماء، سحبتها من يدها، وكانت محرجة وهي تمشي حافية ويستلقي من حولها على الرمل رجال كثيرون ونساء. فوجئت وهي ترى النساء يتراكضن على الشاطئ بملابس سباحة لا تكاد تخفي شيئًا من أجسادهن، ثمّ وهنّ يلقين أجسادهنّ في الماء، ومن حولهنّ رجال يمازحونهنّ ويرشقون الماء على أجسادهن.

سبحتُ، وهي ظلّت واقفة في الماء الذي لا يغطّي سوى ركبتيها. شجّعتها، فمشت بحذر نحو عمق الماء. قلت لها لا تخافي فأنا قريب منك. حملتها بين ذراعيّ وجعلتها تستلقي على ظهرها في الماء. طلبت منها أن تحرّك ساقيها وذراعيها. فعلت ما قلته لها، إلا أنّها كانت متهيّبة، تسرّب بعض الماء إلى جوفها. حملتها وعدت بها إلى الشاطئ واستلقينا على الرمل، ولم تعد محرجة من انكشاف أجزاء من جسدها أمام الناس.

أمضينا وقتًا ممتعًا على شاطئ البحر. وفي الأيّام التالية توزّع برنامجنا على البحر، وعلى زيارة بعض المواقع الأثريّة في ملقا. زرنا قلعتها التاريخيّة، وزرنا البيت الذي ولد فيه الرسّام بابلو بيكاسو، وفيه بعض متعلّقاته الشخصيّة وعدد من لوحاته الفنيّة.

أمضينا عشرة أيّام في الأندلس، تخفّفنا خلالها من الهموم، وشعرنا بالراحة. اشترينا هدايا رمزيّة وعدنا إلى القدس (بعد هزيمة حزيران، وسّع المحتلّون حدود القدس، وأصبحت راس النبع حيًّا من أحيائها).

كانت سناء مسرورة وقد لوّحتها الشمس إلى حدّ ما. وكنت مسرورًا لأنّني أدخلت الفرح إلى قلبها. ولم يدم سرورنا إلا قليلاً. كانت صحّة الوالد لا توحي باطمئنان.

* * *

قالت أمّي:

منّان اليوم مش مثل أيّام زمان. منّان تغيّر، يمكن بسبب هموم الدنيا. من كان يظنّ أنّ فلسطين سوف تضيع وأهلها يصيرون لاجئين؟ يا ويلي عليه منّان قدّيش كان عنده أمل لَمّا وقعت حرب سبعة وستّين!

ولَمّا وقعت حرب رمضان صار منّان يشاهد التلفزيون ويقول: انتصرنا. لكن حالتنا ظلّت هي هي. صار منّان يقول: الله يرحمك يا جمال عبد الناصر، فارقتنا قبل الأوان. وشو بدّي أقول: هموم منّان زادت. ذهنه مشغول على اولاد العيلة اللي صاروا في كلّ بلد وفي كلّ مكان.

طلبت من أمّي مرارًا أن تنصحه بإراحة رأسه من التفكير في العائلة والعشيرة وفي ما آلت إليه الأوضاع.

– أنا نصحته يا ولدي يا محمّد لكن أبوك راسه مثل صخر الصوّان، لا يسمع ولا يقبل نصيحة.

– لا تظلميه يا أمّي، والدي يأخذ ويعطي في الكلام، ويصغي لمن يكلّمه ويفكّر في ما يسمع.

– هذا كان زمان يا ولدي. والدك اليوم عنيد، وأنا غلبانة معه لكنّي أخفي ما أعانيه ولا أطلع عليه أيّ أحد إلا أنت يا محمد.

– أنا يا أمّي أقدّر تعبك ومعاناتك، وأرجو أن تحتملي الوالد لأنّه بالفعل لم يعد كما كان، وأعتقد أنّ العمر الذي انتهى إليه له أحكام.

* * *

والصحيح يا والدي أنّني أنا وجيزيل نشعر بالقلق عليك، ولَمّا وصلتنا رسالتك الأخيرة قدّرنا أنّ حالتك الصحيّة ليست على ما يرام. فكّرنا بركوب أوّل طائرة مسافرة إلى البلاد، ثمّ تذكّرنا

قسمنا بألا ندخل القدس وهي تحت الاحتلال، فاعذرنا يا والدي، وفهمك كفاية. وأنا متأكّد من أنّك رجل قويّ كما أعرفك، وبإمكانك أن تهزم المرض وتظلّ متمتّعًا بالصحّة والعافية إلى أن تتحرّر القدس ونأتي لزيارتها ولزيارتك.

لك مني ومن جيزيل ألف حمل سلام، والسلام ختام.

ابنكم المشتاق: عطوان منّان
ريو دي جانيرو 1982/09/15

قال أخي فليحان:

يبدو أخي عطوان مثل الذي يحرث في البحر. ولو كنت أنا في بلاد الغربة لما انتظرت لحظة واحدة، ولما تردّدت في المجيء إلى البلاد، للاطمئنان على صحّة الوالد، ومن واجبه أن يأتي لرؤية زوجته فهيمة وابنه منّان. من واجبه أن يأتي إلى البلاد سواء أكانت تحت الاحتلال أم محرّرة من الاحتلال، فهذه بلادنا ومن حقّنا أن نعود إليها، وألا يعيق قدومنا إليها أيّ عائق، وعطوان معه الآن جواز سفر برازيلي ويستطيع القدوم إلى البلاد.

وقال:

– أقترح عليك يا أخي محمّد الأصغر أن تسمح لي بالردّ على رسالته، سأقول له: أرجو أن تأخذ إذنًا من الست جيزيل لعلّها تسمح لك بزيارة أبيك، وكذلك زيارة أمّك التي تشتاق إليك، وزيارة زوجتك فهيمة التي صبرت سنوات.

* * *

قالت أمّي:

ويا حسرة راسي قدّيش شفت ويلات! وقدّيش زعلت لَمّا شفت زوجة ابني راجعة من السفر! وعرفت شو اللي صار. أنا يا ربّي لا شفت ولا رأيت. لكنّها هي من خبّرت النسوان عن كلّ شيء فعلته هناك. قالت كأنّها تقصد إغاظتي أو تقصد التباهي بجمالها، إنّها نزلت بجسدها في الماء. احتضنها البحر وغمرها بمائه من دون حياء – وأنا وضحا بنت عبد الهادي أعرف أنّ البحر ذكر يغوي النساء – قالت إنّها لبست ملابس سباحة لا تغطّي إلا نصف جسدها. وما اكتفت بالكلام، رفعت فستانها إلى أعلى وجعلت النساء يرين كيف اسمرّ وركاها بعد جلوسها لساعات طويلة على الشاطئ تحت شمس الصيف أمام الغرباء!

وأنا وضحا بنت عبد الهادي أقول ورزقي على الله: سناء فعلت ما فعلت، ورفعت فستانها أمام النساء، لتثبت لهنّ أنّها ما زالت فتيّة. وأنّ جسدها ما كان ليبقى بمثل هذه النضارة لو أنّها انشغلت بالحبل وبالميلاد.

* * *

وعلى غير ميعاد جاءت رسالة أخي عطوان.

سلام سليم أرقّ من النسيم يغدو ويروح من قلب مجروح إلى حبيب الروح الوالد العزيز منّان محمّد العبد اللات. بعد تقبيل أياديكم الطاهرة يا والدي، أطمئنكم عن أحوالي، فأنا بخير ولا ينقصني سوى مشاهدتكم. أهديك أنت والوالدة ألف حمل سلام، وأتمنّى لك الشفاء العاجل. جيزيل أيضًا تهديكم ألف حمل سلام.

وأخبركم أنّ سيمون انتقل للعيش مع صديقته في حيّ قريب من بيتنا (الحياة هنا غير شكل يا والدي، وأنا لا أخفي عنك شيئًا).

ولأنّنا شعرنا أنا وجيزيل بفراغ بعد رحيل سيمون من البيت، قرّرنا أن نتبنّى طفلة من دار للأيتام. أحضرناها معنا إلى البيت، اسمها جانيت، ولها اسم آخر أطلقته عليها: مثيلة، راجيًا أن تفرح أمّي لذلك، وتعتبره عربون محبّة وإخلاص.

والصحيح يا والدي أنّني تألّمت من الكلمات القاسية التي وجّهها لي أخي فليحان في الرسالة التي وصلتني منكم قبل أيّام. وأحمد الله أنّ فليحان وضع الكلام على لسانه وليس على لسانك أنت.

فأنا أعرفك عفّ اللسان، ولا يمكن أن تغضبني وأنا في بلاد الغربة. يتّهمني أخي فليحان بالتقصير، وأنا الذي أحلم في الليل وفي النهار بالبلاد. وبالمناسبة، فمنذ أن وقعت بيروت تحت الحصار بادرنا إلى تنظيم اجتماع حاشد لفكّ الحصار عنها، ولَمّا وقعت مذبحة صبرا وشاتيلا هاجت مشاعرنا ومشاعر البرازيليّين، وأبدوا تعاطفهم مع المخيّمات المغدورة ومع الفلسطينيّين، وكذلك مع اللبنانيّين الذين تعرّضت بلادهم للغزو، وعاصمتهم الجميلة للحصار.

ولنعد يا أبي إلى موضوعنا. واسمح لي بأن أوجّه الكلام إلى أخي فليحان وأعلمه أنّني أكثر حرصًا منه على العائلة، وعلى تماسكها وانسجامها، وأنا هنا في الغربة أمثّل ضميرها وأعلي من شأنها. وأنا واثق من أنّ أهالي راس النبع عندما يعدّون رجال القرية الناجحين فسوف يضعون اسمي في مقدّمة الأسماء، وعندما يعدّون الشرفاء من رجال القرية الذين لا يأكلون المال الحرام فسوف يضعون اسمي في المقدّمة. وأنا أبوح بالسرّ التالي لك لأوّل مرّة يا والدي، فإنّ من الأسباب التي جعلتني أترك العمل في حانوت أخي فليحان، ليست ضآلة الراتب الذي كنت أتقاضاه منه وحسب، وإنّما كذلك لأنّني

كنت أعمل في أموال أخي الحرام، ولأنّ ربّ العباد سوف يحاسبني على سكوتي ورضاي، فلم أواصل العمل مع أخي، وكان ما كان. وأصارحكم يا والدي بأنّ ظروفي المادّيّة لا تسمح لي ببعزقة النقود بغير حساب. أحوالنا هنا صعبة، ولو كنت قادرًا على توفير ثمن التذكرة إلى فلسطين، وتوفير ما يترتّب على زيارتي لكم من التزامات ماليّة لما تأخّرت في القدوم، فاعذرني يا والدي، وأرجو لك الصحّة والعمر الطويل، وأرجو أن تتيسّر أموري في زمن قادم لكي نلتقي على ثرى الوطن، راجيًا ألا يغضب مني أخي فليحان بسبب صراحتي هذه، فأنا في الأوّل وفي الآخر أخوه الذي يريد له الصحّة والستر والذكر الطيّب بين الناس. ومنّي إلى أخي محمّد الأصغر ألف حمل سلام، والسلام ختام.

ابنكم المشتاق: عطوان منّان العبد اللات
ريو دي جانيرو 1982/10/17

لم يولِ أبي رسالة أخي عطوان اهتمامًا. ولم يعد قادرًا على الاستقرار في مكان واحد. يجلس في مضافته بضع دقائق ثمّ يغادرها ولا يكترث إنْ كان لديه ضيوف. يغادرهم ويمضي نحو الخارج، ويقوم أحد أخوتي وبعض أبناء العشيرة بالاعتذار من الضيوف والجلوس معهم ومؤانستهم إلى أن يتناولوا طعام الغداء ويشربوا القهوة، ثم يغادرونا مسرورين.

صار يبدي رغبة في زيارة البرّيّة. نقترح عليه أن نرافقه في الذهاب إليها، فلا يوافق. يذهب إلى هناك ماشيًا. نتعجّب من قدرته على المشي رغم تقدّمه في السن. كان يقول:

– لو أنّ لدي فرسًا كنت ركبتها وذهبت إلى البرّيّة كلّ أسبوع.

لكنّه هجر تربية الخيل منذ سنوات. صار يذهب إلى البرّيّة بين الحين والآخر، يجلس على حافة الطريق ليرتاح، ثم يواصل المشي من

دون استعجال. يزور مناطق الصرارات وجنجس ودمنة هلال وأمّ ريّان، ويراقب جبل المنطار من على البعد ولا يغامر في الذهاب إليه خوفًا من مشقّة صعود الجبل. يزور قبر أبيه وجدّه وجدّته وباقي الأقارب من أموات العشيرة، ولا يجرؤ على الاقتراب من المستوطنات الإسرائيليّة التي بنيت هناك، ثم يعود من البرّيّة غير مستقرّ على حال.

صار يذهب إلى القدس ماشيًا، يقطع الطريق نفسها التي كان يقطعها قبل كارثة ثمانية وأربعين. يجتاز الشارع الذي يمرّ من أمام قصر المندوب السامي، يدخل حيّ تلّ بيوت، ويقترب من بركة السلطان ومن باب الخليل، يدخل البوّابة الكبيرة ويجتاز الأسواق التي توصله إلى المسجد الأقصى، يتجوّل في ساحاته، يصلّي صلاة الظهر ثمّ صلاة العصر. يغادر المسجد ويستفزّه منظر دوريّات الجنود الذين يرابطون عند ملتقى الأسواق، أو يتجوّلون بين الناس والأسلحة في أيديهم. يتنهّد حزنًا وغيظًا ويتذكّر ابنه الشهيد وطّاف وزوجته الشهيدة مروادة. يتذكّر ابنه الشهيد يوسف، ويتذكّر آلاف الشهداء، تنزل من عينيه دموع، ويعود إلى راس النبع وهو حزين.

صارت تنتابه لحظات شرود، يمشي ورأسه مطأطأ، يحادث نفسه بصوت مسموع. ثمّ لا يتردّد عن طرح سؤاله الذي كرّره كثيرًا في أيّامه الأخيرة:

– هل كنت على صواب لَمّا غادرت البرّيّة؟

كنّا نطمئنه ونقول له:

– أكيد كنت على صواب.

وكنّا نقول:

– أنظر حولك إلى بيوت راس النبع وإلى أبنائها وبناتها، وستجد أنّك كنت على صواب.

يرتاح باله قليلاً، ثم يعود إليه قلقه، ينهض ويغادر المضافة من جديد، يمشي بين البيوت. يتأمّل القرية التي امتلأت بالأولاد وبالبنات من أحفاده والحفيدات. ثم يعود إلى المضافة ويجلس بيننا وهو يتأمّلنا، ويقول:

– كان عليّ ألا أترك قبر أبي وجدّي في البرّيّة. كان لازم إنّي بقيت هناك، أقتني الخيل والأغنام.

كنّا نهدّئ من قلقه ونقول له:

– لكنّنا لم ننس ولن ننسى الأجداد، وسنظلّ نذكرهم ونتذكّرهم، ولنا حياتنا التي نراها أفضل بكثير من حياة الأجداد في البرّيّة، ثمّ إنّك تذهب إلى هناك بين الحين والحين.

يهزّ رأسه كما لو أنّه غير مقتنع بما نقول، ثم يصمت ولا يعود راغبًا في الكلام. وبعد قليل، يغادر المضافة ويمشي في طرقات راس النبع على غير هدى، نتبعه ونقنعه بالعودة إلى البيت، فلا يعاندنا، ينصاع لرغبتنا ويعود.

وحين ساءت حالته، حطّت على كتفيّ أمّي الأحزان. لزم الفراش سبعة أيّام. كنّا نتجمّع حول فراشه كلّ ليلة، نؤكّد له أنّه بخير وما عليه إلا أن يحتمل الأوجاع. كان يفتح عينيه ويغمضهما، ويئنّ وهو يقول:

– من أين يأتيني الخير؟

يصمت ثم يقول:

– أراهم كلّ ليلة.

نسأله:

– من هم؟

يقول:

– أبي محمّد وجدّي عبد الله، جدّتي مهيوبة وأمّي صبحا.

ويقول:

– أراهم وأجالسهم وأشرب القهوة معهم، ويشربون القهوة
معي. ينهضون ويلحّون عليّ كي أذهب معهم. يقبضون على يدي،
وأنا ألحّ عليهم كي يبقوا في مضافتي. يصرّون على الذهاب لأنّهم لا
يستطيعون البقاء، ثمّ أستيقظ وأقول: جاء دوري للذهاب.

تهبط معنويّات أمّي. تشيح بوجهها كي لا يراها، وتمسح دموعها.
يتفرّس في وجوهنا. تستقرّ نظراته على وجهي أكثر من المعتاد، يفكّر
في كلام سيقوله لي إلا أنّه، كما يبدو، متردّد. ثم يغالب تردّده ويقول:

– عيلة العبد اللات أمانة في رقبتك يا محمّد.

يصمت لحظة ويضيف:

– ولا تنسَ العشيرة.

أهزّ رأسي تأييدًا لكلامه وأنا أقبض على يده، وأقول له:

– اطمئنّ يا والدي، اطمئن.

وفي قرارة نفسي أقول: وما الذي أستطيع أن أفعله للعائلة
وللعشيرة؟

أعتقد أنّه هو الآخر كان يائسًا في أعماقه، إلا أنّه يحاول التشبّث
ببقيّة أمل ظلّت ثاوية في نفسه ولا بدّ له من إشهارها. تقع نظراته
على وجه سناء. يتأمّلها. ولا بدّ من أنّه يشعر بالأسى لأنّها لم تنجب
ولدًا واحدًا يثري وجود العائلة. وهو لا يريد أن يغضبها، يبتسم لها
رغم ألمه وهي تبتسم له، وتقبض على يده والدموع في عينيها.

ورغم مرضه، عرف أنّ حصار بيروت انتهى بعد قتلى كثيرين
وتضحيات، وأنّ المقاومة خرجت من لبنان. وعرف أنّ حفيده عمر،
ابن أخي محمّد الكبير خرج مع المقاومة إلى تونس، ومعه زوجته
اللبنانيّة وثلاثة أولاد. قال أخي فليحان إنّ هذا يذكّره برحيل بني هلال

إلى تونس، ولا يدري إن كانت ستعقبه حروب أخرى أم لا. راح يدندن بصوت خفيض بشيء ممّا يحفظه من التغريبة:

تقول فتاة الحيّ أمّ محمد
ودمع جرى فوق الخدود يسيل
أيا ليتني متّ من عام أولى
ولا شفت الأمير أبو زيد قتيل

أشارت له أمّي بيدها أن يكفّ عن الدندنة، كما لو أنّها تطيّرت من رنّة الحزن التي شابت صوته.

واصلت أمّي طوال الأيّام اللاحقة تقديم الوصفات الطبّيّة لأبي، ولكن من دون جدوى. تهامسنا في ما بيننا: الرجل موّات، وما ظلّ فيه حيل.

نشّقته أمّي من ردن ثوبها مخافة أن يكون تعرّض لحسد الحاسدات، ولكي تدخل الغيرة إلى ضرائرها المتحلّقات حوله. ظلّت هي المدلّلة التي تحظى بحبّه وبحنانه على امتداد السنوات. ولم تكن هذه هي الحقيقة تمامًا، لكنّ أمّي، بتكتّمها الشديد، لم تترك مجالاً لنساء العائلة كي يعرفن سرًّا واحدًا من أسرارها معه.

لم يطق رائحة البخّور، علت وجهه تقطيبة جعلت أمّي تبتسم رغمًا عنها، ولم يكترث لابتسامتها التي كانت تأسره في أوقات سابقة. تدهورت صحّته ولم تنفع كلّ وصفاتها. نقلناه إلى المستشفى، ثم عدنا به إلى البيت، وكنّا نتوقّع موته بين لحظة وأخرى.

يرى فليحان على الكرسيّ المتحرّك ولا يستقرّ نظره عليه إلا لحظات. يتأمّل رسميّة، ويبدو راضيًا عنها. تقول له أمّي:

– كيف شايف حالك يا منّان؟

لا يجيبها. يستعرض بعينيه زوجاته: مثيلة، صفيّة وسميحة. ما الذي سيقوله لهنّ الآن؟ يصمت طويلاً، كأنّه يتذكّر أيّامه معهن. تقطع أمّي حبل أفكاره، لأنّها كما يبدو لا تريد لنظره أن يستقرّ أكثر ممّا ينبغي عليهنّ. تقول:

— سقى الله أيّامك يا منّان!

ينظر نحو أمّي ويتأمّلها بعينين زائغتين. تقترب منه وتقبّل جبينه. وأنا أقول لنفسي: حتّى في هذه اللحظات الحرجة تريد أن تستأثر به من دون نسائه الأخريات. يتحلّق من حوله بقيّة الأبناء والبنات، والأحفاد والحفيدات والأخوة والأخوات. أكثر من مئتين من المنحدرين والمنحدرات من صلبه. وهو الآن على وشك أن يموت. وأنا مقتنع بأنّ حياته لم تذهب سدى. عاش حياة زاخرة بالتجارب والخبرات، بالمسرّات والحسرات، بالغنى حينًا وبضيق ذات اليد حينًا آخر. ولَمّا اقتربت منه أختي فلحة نظر في عينيها، قبّلت جبينه وبكت.

ومنذ ساءت حالته، اعتادت نساء العائلة أن يتحلّقن في الساحة القريبة من الغرفة التي ينام فيها، ويبقين كذلك إلى منتصف الليل. يفتحن كلّ الملفّات، ولا يبقى شخص في العائلة أو في العشيرة، كما أخبرتني أمّي، لم تطله ألسنتهنّ بكلمة حسنة إن كان يستحقّ المديح، وبكلمة نابية إن كان يستحقّ التجريح. ولم تبق امرأة من غير المتحلّقات في الساحة من نساء العائلة ومن نساء العشيرة لم تطلها ألسنتهنّ بالخير حينًا، وباتّهام أو سخرية أو نقل خبر لم يتمّ ترويجه بعد، حينًا آخر.

قالت أمّي إنّها كانت تشعر بالخوف حين تراهنّ في الساحة، متجمّعات على أنفسهن، لا شيء يتحرّك فيهنّ إلا ألسنتهنّ. يأتين على الأخضر واليابس من تاريخ العشيرة وأيّامها. ينخّلن التفاصيل

ويضعن الصالح في جهة، والطالح في جهة أخرى. ولا يبقى سرّ من أسرار العائلة لا يتمّ البوح به. وفي الأثناء تضطلع أمّي بمهمّة رشّ الساحة بالماء لتهدئة غضب الجنّ الساكنين معنا في المكان، الذين لن يروقهم احتشاد النساء.

ولولا أنّها كانت معنيّة بالاستماع إلى كلّ صغيرة وكبيرة لما جالستهنّ، خوفًا ممّا قد يطالها من أذى الجن، إلا أنّ حرصها على العائلة، وتتبّعها لكلّ شأن من شؤونها كان يدفعها إلى مجالستهن.

كان لرسميّة، كما قالت أمّي، موقف متفرّد يجعلها خارج إطارهن. حين تكون في بيتها المشيّد على أرضنا شمالي القدس، قريبًا من مخيّم العودة، لا تشارك في ثرثراتهن، وحين تكون في بيتها في راس النبع، قريبًا من القدس، تبقى في بيتها ولا تأبه لجلساتهن، إلا أنّها لم تسلم من ألسنتهن.

نساء أخريات لم يسلمن من ألسنتهن. كلوديا التي تخاصمت مع أدهم في أمستردام نالت حصّتها من اتهاماتهن، مع أنهنّ لم يقابلنها أبدًا. تهامسن قائلات:

— واحدة داشرة، يا ويلها عند ربّها.

ودلّلن على ذلك بأنّ أدهم عاشرها من دون زواج. نجمة وابنتها نوال كانتا في مرمى النيران، ولم تسلما من الغمز واللمز، لأنّهما تمدّنتا. جيزيل التي اتّهمنها بمنع عطوان من زيارة البلاد لوداع أبيه نالها قسط من ذمّهن وتشهيرهن. قلن إنّها تمشي في الشوارع ببنطال قصير يكشف وركيها، وببلوزة تجعل نصف ثدييها بارزين.

وعندما تكون سناء جالسة معهن، فإنّ ملفّها يظلّ مغلقًا، ولا ينفتح إلا بعد مغادرتها، وهي في العادة لا تطيل الجلوس في الساحة. بعد مغادرتها يستأنفن همسهن، غير آبهات لوجود أمّي بينهن، ربّما لتوقّعهنّ أنّها لن تصدّهن. ولم تكن أمّي تصادر حقّهنّ في الكلام،

لأنّها، كما أخبرتني، تحبّ الاستماع إلى ثرثراتهن، حتّى لو كانت هذه الثرثرات مجرّد أوهام وشائعات.

وهي بعد ذلك تقوم بغربلة الغثّ من الثمين، وتصطفي ما ترغب في نقله وترديده في جلسات السمر من كلام.

ظلّت نساء العائلة وبعض نساء العشيرة يتحلّقن في الساحة كلّ مساء، وها قد مضت ستة أيام بلياليها على تدهور صحة أبي وهو لا يزال على قيد الحياة. في صبيحة اليوم السابع قالت أمّي إنّ بومة حادّة الصوت أطلقت نعيبًا متّصلًا ليلة أمس، فتشاءمت ونهضت من فراشها، وتجرّأت على الخروج من البيت. قالت:

– صحتُ فيها وطردتُها وقلت: اطلعي يا خايبة، اطلعي، الشرّ بعيد.

وقالت إنّها عادت بعد قليل وواصلت النعيب.

في تلك الليلة طردتها أمّي سبع مرّات، وأيقنت أنّ أبي سيموت. قالت إنّها لم تنم إلا عند الفجر، وليتها لم تنم، لأنّها رأت، أثناء نومها، فرس العائلة تركض حول بيوت العشيرة وهي تصهل وتحمحم. ولَمّا اقتربت من بيتنا تعثّرت بحبال منصوبة بين البيوت، نصبها الجنّ الساكنون معنا في المكان، وتطوّح جسدها على الأرض. ظلّت تصهل وهي تحاول النهوض ولكن من دون جدوى. قالت:

– استفقت من النوم واستعذت بالله من الشيطان الرجيم، ونظرت ناحية منّان. كان يتنفّس بصعوبة ويهذي. قلت: الله يخفّف عليك سكرات الموت يا منّان.

حاولتُ التخفيف من اضطراب أمّي وقلقها، وكنت قريبًا من فراش أبي، أتناوب أنا وإيّاها على ترطيب لسانه وشفتيه بقليل من الماء. أحدّق في ملامح وجهه الشاحب، وأتذكّره حين كان في عنفوان قوّته رجلاً قاسي الملامح يهابه الرجال. وأرى أنّه رغم تضاؤل دوره في

الحياة العامّة في سنواته الأخيرة، إلا أنّه أدّى هو وجيله دورهم على نحو ما. تعايش أبي مع حكم الأتراك في صباه، وكان يمكن أن يسوقوه إلى إحدى حروبهم ليقتل وهو في ريعان الشباب. عاش في ظلّ الانتداب البريطاني على البلاد ونصّبه الانكليز مختارًا على العشيرة بعد أن لم يعد جدّي محمّد قادرًا على أداء المهمّة التي ورثها من أبيه الجدّ عبد الله. اشترك أبي مع عمّي عبّاس وأخي يوسف في ثورة ستّة وثلاثين، واشترك فيها معهم عدد من أبناء العشيرة. عاش أبي الهزائم كلّها من كارثة ثمانية وأربعين إلى هزيمة سبعة وستّين، وتجرّع الألم والحزن والذلّ مثلما تجرّعه مئات الآلاف من أبناء شعبه. كان محبًّا لوطنه، ميّالاً في بعض الأوقات إلى المهادنة والانزواء خوفًا من جوْر الحكّام أو من بطش المحتلّين. لم يسرق ولم يغشّ ولم يأكل مالاً حرامًا. ظلّ مشفقًا على أخي فليحان من مغبّة الولوغ في المال الحرام. تزوّج ستّ مرّات. أطلعني على سرّ من أسراره، قال إنّه حين أخذني هو وأمّي إلى أريحا وأنا طفل صغير، لفتت انتباهه أرملة سمراء، كانت جارة لنا. أعجب بها وفكّر بطلب يدها من أهلها، وكان عليه في هذه الحالة أن يطلّق أقدم زوجاته وهي مثيلة، لكي تصبح الأرملة زوجته السابعة في ترتيب الزوجات، وليكون لديه بعد طلاقه من مثيلة، أربع زوجات. ولم يمنعه من تحقيق رغبته هذه سوى إشفاقه على أمّي التي كانت ستصاب بانتكاسة لو أقدم أبي على تنفيذ ما فكّر فيه. أقلع عن تنفيذ فكرته، واعتبر ذلك تضحية منه تجاهها، وهي التي كانت أصغر زوجاته وأحبّهن إليه.

أنجب أبي ثمانية عشر ولدًا وتسع بنات. قال لي ذات مرّة:

– النفس لا تهرم يا ولدي، وتظلّ الرغبة في البحث عن الشيء المفقود اللي نتوق إليه ثاوية فيها، وعندما تثور تلك الرغبة تصير مصدرًا للعذاب.

كان أبي محبًّا للحياة، وهو الآن على وشك أن يموت.

مساء اليوم السابع، جاءت نساء العشيرة وهنّ يرتدين السواد. وصلهنّ الخبر قبل أن يتحلّقن كعادتهنّ في الساحة. لفظ أبي أنفاسه الأخيرة قبل الغروب، ولم يلبث الخبر أن انتشر في راس النبع وفي القرى المجاورة. ظلّت نساء العشيرة جاثمات حول جثمانه حتّى الصباح، وكان رجال العشيرة يترحّمون عليه ويتذكّرون مآثره، في المضافة التي خلت من صاحبها، تاركًا وراءه فراغًا غير قليل.

في الصباح، غسلناه وكفّناه وجلّلناه بعلم فلسطين، حمل ستّة من أحفاده نعشه على أكتافهم، وهيّأنا له جنازة مهيبة، مشى فيها أبناء العشيرة وأهالي راس النبع وبعض رجالات القدس ووجهاء القرى المجاورة، وأصهار أخي فليحان، وزوج أختي فلحة وأقاربه المقيمون في مخيّم العودة. ومشت خلف الجنازة نساء العشيرة وهنّ ينعينه بأصوات حزينة، فيما مطر تشرين الثاني ينزل خفيفًا من السماء:

وافتحوا لمنّان بيوت العزّ والكرمْ
منّان أجاكم ضيف يا اهل الزرَمْ

تطفر الدموع من عينيّ وأنا أتذكّر وعدي لأبي بأن أجمع شتات العائلة، وكذلك العشيرة. تلك المهمّة الشائكة التي لم أقدر عليها، ولم أبذل في سبيلها أيّ جهد يذكر، لأنّني لم أكن مقتنعًا بها في قرارة نفسي، ذلك أنّ أبي كان يريدني أن أصبح صورة عنه، وهذا لم يكن ممكنًا لاختلاف الظروف والمعطيات. أمر واحد نقلته إليه قبل أن يدخل في غيبوبة، هو أنّني شرعت في تدوين وقائع حياة العائلة وكذلك العشيرة. الوقائع المتوافرة لديّ من بعض كبار السن، أو التي استخلصتها وأستخلصها من حكايات أمّي وأخبارها، وما اشتملت

عليه حياتي وحياة بعض أبناء العائلة وبناتها، وكذلك أبناء العشيرة وبناتها، من تفاصيل وخبرات.

نظرت في عينيه وعاودني الشعور بالخجل، ورأيت شبح ابتسامة على وجهه، لم أستطع تفسير معناها ومغزاها، إلا أنّه قال بصوت واهن:

– أنا تعبت، واصلوا أنتم.

وبعد صمت قال، كما لو أنّ هذا هو كلّ ما يهمّه في نهاية المطاف:

– ادفنوني في قبر مجاور لقبر أمّي.

ثمّ دخل في غيبوبة مديدة، وفي تلك اللحظة، أدركت فداحة الفراق، وشعرت بأنّني سأكون بعده نهبًا للنقصان.

مات أبي منّان مساء الخميس، ودفنّاه صباح الجمعة.

صدر للكاتب

الحاجز، مجموعة قصصية للأطفال، 1986، دار الكرمل للنشر والتوزيع، عمان.

الجندي واللعبة، مجموعة قصصية للأطفال، 1986، دار ابن رشد للنشر والتوزيع، عمان.

أغنية الحمار، مجموعة قصصية للأطفال، 1988، دار الكرمل للنشر والتوزيع، عمان.

مهنة الديك، مجموعة قصصية للأطفال، 1999، منشورات مركز أوغاريت للنشر والترجمة، رام الله.

قالت مريم، قال الفتى، قصة طويلة للفتيات والفتيان، 1996، منشورات اتحاد الكتاب الفلسطينيين، القدس.

أنا وجمانة، رواية للفتيات والفتيان، منشورات أوغاريت، رام الله، 2000.

طيور على النافذة، قصة للأطفال، منشورات الأونـروا، دائـرة التربية والتعليم، القدس، 2001.

الولد الذي يكسر الزجاج، قصة للأطفال، منشورات الأونروا، دائرة التربية والتعليم، القدس، 2001.

تجربة قاسية، قصة للأطفال، منشورات الأونروا، دائرة التربية والتعليم،القدس، 2001.

الربّان، ثلاثة نصوص مسرحية للفتيات والفتيان، منشورات أوغاريت، 2003.

الحطّاب، حكاية شعبية، دار الشروق للنشر والتوزيع، رام الله، 2004.

الملك الصغير، قصة للأطفال، منشورات الأونروا، دائرة التربية والتعليم، القدس، 2004.

علاء في البيت الصغير، قصة للأطفال، منشورات الأونروا، 2004.

قالت لنا الشجرة، مجموعة قصصية للأطفال، منشورات أوغاريت، رام الله، 2004.

كوكب بعيد لأختي الملكة، رواية للفتيات والفتيان، منشورات تامر للتعليم المجتمعي، رام الله، 2007.

خبز الآخرين، مجموعة قصصية، منشورات صلاح الدين، القدس، 1975

الولد الفلسطيني، مجموعة قصصية، منشورات صلاح الدين، القدس، 1977

طقوس للمرأة الشقية، قصص قصيرة جداً، منشورات دار ابن رشد، عمان، 1986

صمت النوافذ، قصص قصيرة جداً، منشورات الأهالي، دمشق، 1991

ظل آخر للمدينة، سيرة للمكان، منشورات دار القدس، القدس، 1998. الطبعة الثانية، دار محمد علي للنشر، تونس 2009.

مرور خاطف، قصص قصيرة جداً، دار الشروق للنشر والتوزيع، عمان، 2002.

صورة شاكيرا، مجموعة قصصية، المؤسسة العربية للدراسات والنشر، بيروت، 2003.

ابنة خالتي كوندوليزا، مجموعة قصصية، المؤسسة العربية للدراسات والنشر، بيروت، 2004.

باحة صغيرة لأحزان المساء، قصص قصيرة جـداً، المؤسسة العربية للدراسات والنشر، بيروت،2004

مدن فاتنة وهواء طائش، رحلات، المؤسسة العربية للدراسات والنشر، بيروت، 2005.

احتمالات طفيفة، قصص قصيرة جـداً، المؤسسة العربية للدراسات والنشر، بيروت، 2006.

مرايا الغياب، نصوص نثرية، المؤسسة العربية للدراسات والنشر، بيروت، 2007.

كلب أبيض ذو بقعة بيضاء، قصة للأطفال، مركز أوغاريت للنشر والترجمة، رام الله، 2008.

القدس وحدها هناك، دار نوفل للنشر، بيروت، 2010.

قالت لنا القدس، نصوص، يوميات وشهادات، وزارة الثقافة الفلسطينية، 2010.

أحلام الفتى النحيل، رواية للفتيات والفتيان، مؤسسة تامر للتعليم المجتمعي، رام الله، 2010.

قراءة في مئة كتاب فلسطيني، مؤسسة تامر للتعليم المجتمعي، رام الله، 2010.

مدينة الخسارات والرغبة، دار نوفل للنشر، بيروت، 2011.

رحلة الحمار وقصص أخرى، مجموعة قصصية للأطفال، منشورات الزيزفونة، رام الله، 2011.

مديح لمرايا البلاد، يوميات، منشورات دار الجندي، القدس، 2012.

بنت وثلاثة أولاد في مدينة الأجداد، قصة للفتيات والفتيان، مؤسسة تامر للتعليم المجتمعي، رام الله، 2012.

قطّوطة في المدرسة وقصص أخرى، مجموعة قصصية للأطفال، منشورات الزيزفونة، رام الله 2012.

أولاد الحي العجيب، قصة للأطفال، منشورات الزيزفونة، رام الله، 2012.

الأعمال القصصية الكاملة، القصص القصيرة، المجلد الأول، دار راية للنشر، حيفا 2012.

فرس العائلة، رواية، دار نوفل، بيروت 2013.

أنا وفطوم والريح والغيوم، قصة للأطفال، منشورات الزيزفونة، رام الله، 2013.

كلام مريم، رواية للفتيات والفتيان، منشورات الزيزفونة، رام الله، 2013.

مريم وكنعان وقصص أخرى، قصص للفتيات والفتيان، منشورات الزيزفونة، رام الله، 2014.

عصفور سناء، قصة للأطفال، دار البحيرة، رام الله، 2014.

القدس مدينتي الأولى، سيرة للفتيات والفتيان، منشورات الزيزفونة، رام الله، 2014.